Goldmann Ratgeber

In der Reihe Küchengeheimnisse liegen bereits folgende Bände vor:

Edda Meyer Berkhout: So kocht man fränkisch (10543)
Isolde Bräckle: Garten-Party, Camping und Picknick (10591)
Sybille Schall: Die feine Fischküche (10593)
Margrit Diethelm: So kocht man italienisch (10595)
Emil Reimers: Gerichte aus der Schwingpfanne (10597)
Christidis/Gaitanides: So kocht man griechisch (10600)
Maria Horváth: Backrezepte aus dem alten Österreich (10603)
Grete Wallinsky: Fleischfondues und Flambiertes (10606)
Tera Halen Mampell: Desserts aus aller Welt (10609)
Maria Horváth: Leckeres für Junggesellen (10612)
Hedl Salzer: So kocht man schwäbisch (10615)
Meyer-Berkhout: Grillfreuden für den Feinschmecker (10618)
Bibulus: So kochen Hanseaten (10621)
Jutta Kürtz: Das Brot-Backbuch (10613)
Grete Wallinsky: So kocht man russisch (10622)
Hedl Salzer: So kocht man provenzalisch (10636)
Bibulus: So kocht man spanisch (10638)
Eva Exner: Brotzeit-Köstlichkeiten (10639)
Hans Karl Adam: Koch-Vergnügen mit dem Tontopf (10645)
Maria Exenberger/Fritz Breit: So kocht man in Tirol (10642)

Küchengeheimnisse

Emil Reimers

So kocht man chinesisch

WILHELM GOLDMANN VERLAG MÜNCHEN

7079 · Made in Germany · I · 1110
Genehmigte Taschenbuchausgabe. Die Originalausgabe ist erschienen bei Heimeran, München. Umschlagentwurf: Ilsegard Reiner. Illustrationen: Bärbel Skarabela. Fotos: Fotostudio Christian Teubner, Füssen/Allgäu. Satz: IBV Lichtsatz KG, Berlin. Druck: Presse-Druck Augsburg. Verlagsnummer: 10665 · be/ho
ISBN 3-442-10665-6

Inhalt

中國烹飪
調味
及菜餚

Chinesisch kochen,
würzen und essen

Warum chinesisch kochen?

Die Neugierde ist ein Urtrieb! Unsere Familie und unsere Gäste sind also neugierig auf das, was sie noch nie gegessen haben. Wir alle wollen uns mit der Zunge und der Nase und nicht zuletzt auch mit den Augen das Unbekannte erschmecken, erriechen und überhaupt mit allen Sinnen aufnehmen.

»Aber warum denn so fremdländische Gerichte?« höre ich aus einer Ecke rufen. Was heißt hier jedoch fremdländisch? Schau dir die Tomate nur richtig an! Unseren Großmüttern war dieses nach Gift aussehende Nachtschattengewächs höchst verdächtig. Und wie ist es mit unserer Kartoffel? Waren unsere Urgroßeltern, wie wir in alten Berichten nachlesen können, nicht auch ihr gegenüber mißtrauisch? Als unsere so harmlos scheinenden Bohnen vor noch früherer Zeit aus Mexiko zu uns kamen, waren unsere Vorfahren ebenfalls recht skeptisch.

Eine seit Jahrzehnten in einer großen Schokoladenfabrik arbeitende Frau meinte allen Ernstes, Kakaobohnen wüchsen bei uns, als ich sie befragte. Die Teewerbefirmen berichten: »Viele Besucher glauben, ostfriesischer Tee wächst auch in Ostfriesland, und sind ganz enttäuscht, wenn wir ihnen die Teefelder nicht zeigen können.«

Viele Menschen scheinen sich gar keine Gedanken darüber zu machen, daß nahezu alle unsere Lebensmittel exotischen Ursprungs sind. Welche Nutzpflanze und welches Nutztier ist denn urgermanisch, urdeutsch, urpreußisch, urbayrisch! Auch die Heimat unseres simplen Brathähnchens ist Indien! (Bankivahuhn)

Die Apfelsine heißt wörtlich sinesischer (chinesischer) Apfel und hat also ihre Heimat in China. Hier fängt unsere chinesische Kochkunst schon an. Mandarin-Orange ist die Orange der chinesischen Fürsten, der Mandarine. Wenn Sie eine Apfelsinensüßspeise zubereiten oder Ihren Salat mit Mandarin-Orangen verbessern, kochen Sie schon chinesisch. Sie kochen schon lange mit chinesischem Akzent, ohne daß Ihnen das bewußt wird. Sie brauchen nur in den Laden zu gehen und eine Flasche Sojasoße und etwas Glutamat zu kaufen. Diese Zutaten auf die Spiegeleier, in die Erbsensuppe und über den Spargel träufeln und streuen, schon haben Sie eine weitere Stufe zur chinesischen Kochkunst erklommen. Sogar eine wesentliche.

Sie haben Ihren Schweinebraten und Ihr Frikassee chinesisch verzaubert. Sie haben einmal ganz anders gewürzt. Sojasoße ist gleichzeitig Salz. Oft echtes Meersalz.

Die Gewürze auf den Tisch stellen. Das ist zunächst einmal alles. Nun, jeder nach seinem Geschmack. Wenn Sie sich an das Andersartige gewöhnt haben, geht es einen Schritt weiter.

Und wenn Sie das nicht tun? Oder nicht wollen? Dann sorgen die Lebensmittelfirmen dafür, daß Sie diese neuen Gewürze ganz von selbst bekommen. Oder Sie bekommen sie unter irgendeinem ›zauberhaften‹ Firmennamen oder in verkleideter Form angeboten.

Noch ein Einwand: Die Chinesen essen Würmer und Schlangen! Das sind Märchen. Märchen, die in abgewandelter Form die Chinesen auch über uns erzählen.

Die chinesische Küchenkultur ist die älteste der Welt, die sich – und das ist das Einmalige – viele Jahrtausende hindurch bis auf unsere Tage erhalten hat. Hier kann jeder in der Küche lernen, der zum Lernen bereit ist. Die chinesische Kochkunst ist derart umfangreich, daß wir nur einen repräsentativen Ausschnitt, und zwar hauptsächlich kantonesische Rezepte, bieten können. Was hier aber schon sichtbar wird, ist faszinierend und wird unsere einheimische Kochkunst nach vielen Seiten bereichern.

In der Chinaküche ist alles systematisch, methodisch und wohl durchdacht auf Schlankheitskost angelegt. Doch darauf werden wir praktisch in den Rezepten zu sprechen kommen.

Chinesisch kochen lernen

Viele denken, wenn sie ein Kochrezept haben, das genügt. Nein, wirklich kochen kann nur, wer den Kochprozeß verstanden hat. Chinesisch kochen ist etwas ganz anderes als nach unserer Weise kochen. Das Anliegen unseres Büchleins ist es, dem Kochadepten zu zeigen: Man kann auch anders kochen, rösten, dämpfen usw.! Wir möchten einen Weg zur Kennerschaft der Kochkunst, auch der unserigen, zeigen, denn an der gänzlich anderen Zubereitungsweise einer so fernen Küche lernen wir jede Küche besser verstehen und begreifen.

Rösten / sieu: Die Chinesen rösten über dem Holzkohlenfeuer oder auf dem Spieß. Wesentlich ist, daß große Stücke, wie Hühnchen oder Enten, auch von innen mit einer Soße begossen werden, falls sie nicht gefüllt wurden. Die Haut muß glatt und knusprig werden, denn sie gilt als Leckerbissen; darum muß sie während des Röstens mit einer Soße, etwa Sojasoße, immer wieder überpinselt werden.

Gratinieren, auch Überkrusten genannt: Diesen Begriff kennt die chinesische Küche nicht.

Braten / chow: Chinesen kennen nur das Braten in der Bewegung, durch Rühren oder Schütteln der Pfanne. Fleisch, Fisch oder was es sei, muß mundgerecht geschnitten werden. Dabei müssen die Teile gleich groß sein, damit sie auch gleichmäßig gar werden. Das Bratgut wird in wenig Fett in heißer Pfanne blitzschnell ›à point‹ gegart. Es darf nicht durchgebraten sein. Auch Gemüse darf nur so gebraten werden. Es wird ›knackend‹ gegessen. Das Bratgut darf nicht braun werden. In manchen Fällen wird das Bratgut vorgekocht und dann nochmals gebraten. Am besten eignen sich zum Braten: Rinderfilet, Schweinefilet, auch Hammelfilet, Geflügelbrüste (aber nur weißes Fleisch), Rückenfleisch der Fische, geschälte Krustentiere und junges Gemüse.

Backen in der Friteuse / ji'aah: Durch Backen in viel heißem Fett oder Öl wird das Backgut schnell gar und bleibt saftig, weil es durch hohe Hitze (180–190° C) sofort eine schützende Kruste bekommt. Manches Backgut, wie Fisch und Hühnchen, muß vorher in einer Würzsoße (Sojasoße etwa) mariniert werden. In vielen Fällen ist das Backen in der Friteuse nur vorbereitend, denn manche Gerichte sollen danach durch Dämpfen weiter gegart werden.

Braten oder Backen und Schmoren / mun: Beide Begriffe werden zusammengefaßt. Das Gut wird erst gebraten oder in tiefem Fett oder Öl gebacken, damit es eine schützende Kruste bekommt und nicht auslaugt, und dann ganz langsam in Fond oder Soße gegart.

Dämpfen / jing: Dämpfgut soll so viel wie möglich in den eigenen Dämpfen garen, weil dadurch Aroma und wertvolle Stoffe weitgehend erhalten bleiben. Das Geschirr muß einen verschließbaren Deckel haben. Manchmal, wenn das Dämpfgut saftreich genug ist, wird keinerlei weitere Flüssigkeit benötigt. Sonst muß man ein Gitter in das Geschirr legen, mit kochendem Wasser begießen und das Dämpfgut auf diese Weise von der Flüssigkeit isolieren. Ganze Fische und weißgekochte Krabben (ohne Sojasoße) werden gern so gedämpft.

Kochen: Dieser Prozeß ist dem Chinesen ziemlich fremd. Er kennt keine gekochten Kartoffeln. In manchen Fällen kennt man jedoch ein kurzes Abkochen (Blanchieren), und dann fragt man weiter: Was soll nun damit geschehen?

Rotgaren / hoong sieu: Das Gut wird in rotfärbender Sojasoße gegart. Zum Rotgaren eignen sich vor allem Karpfen, ganze Enten, Hühnchen, Schweineschulter (natürlich mit der Schwarte!), Rindsgulaschfleisch, Lammkeule und gegarte Reste von Fleisch, Geflügel und Fisch.

Topfgaren / lu: Ein großes Stück Fleisch oder auch ein Fisch wird in heißem Wasser klar gezogen (es darf nur ziehen bei etwa 90° C, aber nicht kochen). Dann wird kräftig gewürzt, etwa mit Ingwer, Anis, Schalotten, Wein und Sojasoße. Danach läßt man das Gut viele Stunden weiterziehen, bis es gänzlich zerfällt. Dies ist der Fond, worin am nächsten Tag geschnittenes Fleisch, Geflügel oder Fisch gegart wird. Solche Fonds halten sich lange, indem man sie immer wieder aufkocht und richtig behandelt.

Doppeltes Garen im Dampf / dunn: Vielleicht können wir es als Wasserbadgaren bezeichnen. Das Gut, sei es Fleisch, Geflügel oder Fisch, wird gebraten, in ein Geschirr mit Fond oder Soße gegeben und dieses wiederum in ein anderes Geschirr mit kochendem Wasser gesetzt. So kommt das Gut weder mit dem Feuer noch mit dem Wasser in unmittelbare Berührung.

Chinesische Zutaten

Algen: Nach chinesischer Erfahrung sind Algen, die man getrocknet auch bei uns kaufen kann (auch japanische Nori-Algen), für viele Fischgerichte eine geschmackliche Ergänzung. Selbst die Fischbrühe wird am besten durch Algen geklärt.

Bambussprossen / jook sun: Man bekommt geschnittene und ganze Bambussprossen in Dosen. Die zarten Wintersprossen sind die besten. Auch aus Japan kommen Bambussprossen (takenoko). Wer frische bekommt, sollte sie vorkochen (blanchieren). Ein chinesischer Satz lautet: Fleisch essen macht gewöhnlich, der feine Mensch ißt Bambussprossen.

Bohnensprossen / dou nga: Man kauft sie in Dosen, aber manche Läden haben sie auch frisch vorrätig. Es ist gar nicht schwer, sie aus Sojabohnen innerhalb von 5–7 Tagen heranzuziehen: Rost oder Gitter in eine Schüssel legen, feuchtes Tuch darüberlegen, mit Sojabohnen belegen, darüber wieder ein feuchtes Tuch legen. Im dunklen, warmen Raum aufbewahren. Von Zeit zu Zeit mit frischem Wasser begießen. Ist die Schüssel voll Wasser, abgießen, weil die Sprossen sonst leicht einen schlechten Geschmack bekommen. Sie sollten 3–5 cm lang sein. Wurzeln abschneiden.

Erbsensprossen / nga choy: Auch sie kann man in Dosen kaufen. Sie lassen sich von kleinen grünen Erbsen (mung-Erbsen), wie oben beschrieben, auf feuchten Tüchern heranzüchten.

Ingwerwurzeln / gerng: Aromatische und scharf gewürzte Wurzel. Getrockneter Ingwer kann mit frischem überhaupt nicht verglichen werden. Man sollte den getrockneten fast lieber fortlassen. Ingwer ist für viele Fischgerichte unentbehrlich. Gepickelter Ingwer wird für süßsaure Gerichte verwendet.

Lotuswurzeln / lien ngow: Rotbraune Wurzeln einer Lilienpflanze (Nelumbo nucifera), die man möglichst frisch verwenden sollte. Man schneidet sie in Scheiben, die dann einen Kreis von runden Löchern aufweisen.

Lotusnüsse / lien jee: Man kauft sie in Dosen oder getrocknet. Manchmal sind sie auch in eine süße Flüssigkeit eingelegt. Sollte man sie nicht für Süßspeisen verwenden wollen, muß man sie abspülen und die Flüssigkeit abgießen. Meistens sind sie dann für nichtsüße Speisen zu verwenden. Etwaige Süßigkeit verliert sich.

Wasserkastanien / Maah Tuy: Man kann sie frisch und in Dosen kaufen. Es sind Knollen einer Pflanze, die im Sumpf wächst (Trapa natans).

Wasserkastanienmehl / maah tuy fun: Wird aus Wasserkastanien gewonnen und dient zum Binden von Speisen.

Rote Datteln / hoong joe: Kleine rote Früchte mit süßem Duft, werden nicht nur für Süßspeisen, sondern auch für Suppen und Fischgerichte verwendet.

Melonen: Es gibt die verschiedensten Melonenarten, wie Haarige Melone (jick gwa), Bittermelone (fooh gwa), Eierkürbis (faahn gwa) mit dünnen gelben Streifen und Teemelone (chaa gwa).

Goldene Nadeln / gum jum: Getrocknete Lilienblüten, die zu Pilz- und Gemüsegerichten verwendet werden.

Chinakohl / baak choy: Wird auch bei uns vielfach angebaut.

Pilze: Am besten sind getrocknete Pilze, die jedoch vorgequollen werden müssen. Auch das Einweichwasser verwenden. Man unterscheidet: 1. Winterpilze (doan gwo) mit schwarzen Kappen. Sind am häufigsten. 2. Graspilze (cho gwo) sind hoch gewachsen und auffallend dünn. Sie sind sehr aromatisch. 3. Knopfpilze (maa gwo) mit stumpfnasigem Aussehen. Werden von den Chinesen am liebsten verwendet.

Lychee, Litschi / lay jee: Erdbeergroße Früchte des Lycheebaumes (Nephelium litchi). Werden meistens in Dosen und manchmal auch frisch angeboten. Man verwendet sie zu Süßspeisen und zur Bowle. Durch Lycheeblüten gibt man dem chinesischen Tee einen besonderen Duft.

Kumquat / mut gum gwut: Auch Zwergorangen genannt. Kommen in Dosen und manchmal auch frisch in den Handel. Man verwendet sie hauptsächlich zu Süßspeisen.

Sojabohnen gesalzen / doc she: Gelbe oder schwarze stark gesalzene Bohnen, werden in Dosen angeboten. Man verwendet nur ganz wenig davon.

Gepickelter Lauch / shoong gow choy: Süßsauer eingelegter chinesischer Porree, der als Beilage zu vielen Gerichten gereicht werden kann.

Chinesische Mixed Pickles / cha gwa: Süßscharfe Gemüse und Früchte verschiedener Art, die als Beilage serviert werden können.

Bohnenkäse / dou foo: Sojabohnenprodukt, das wie Quark oder Topfen aussieht. Kann in Dosen (getrocknete sind wenig zu empfehlen) und manchmal auch frisch bezogen werden. Es gibt auch japanischen Tofu, der dem chinesischen Bohnenkäse gleichkommt. Auch der englische Name Bean Curd ist üblich.

Fisch gesalzen / hom yew: Gleicht ein wenig unserer Sardellenpaste und dient zum Würzen verschiedener Gerichte, vor allem von Schweinefleisch.

Fischmagen / yew toe: Kommt getrocknet in den Handel. Man gibt davon ein wenig als Zusatz zu manchen Gerichten und Suppen.

Tintenfische: Manche Geschäfte führen getrocknete Tintenfische (dew peen), andere wiederum auch frische (yo yew).

Würste Kantoneser Art / lop cherng: Schmale, etwa 25 cm lange Schweinefleischwürste, die mit Reiswein und Tangerinenschale gewürzt wurden. Man dämpft sie und schneidet sie in Scheibchen.

Öle und Fette: Die Chinesen brauchen folgende Kochfette: Sojabohnenöl, Rapsöl, Sesamöl und Erdnußöl. Etliche Fische, wie Alsen, werden in fetthaltige Schweinenetze gelegt und gegart, damit sie saftig und duftend bleiben. Oliven- oder Speiseöl werden als Ersatz genommen.

Bindemittel: Chinesische Speisen werden mit Erbsen- oder auch Wasserkastanienmehl gebunden. Dies ist bei uns schwer zu bekommen, daher nehmen wir Stärkemehl. Fische werden mit Weizenmehl umhüllt, damit sich beim Braten eine kräftige Kruste bilden kann. Auch hartgekochte Enteneier werden gern in eine Bindung von Mehl und Ei getaucht und in heißer Friteuse gebacken.

Chinesisch würzen

Chinesen würzen kaum mit Salz. Sie verwenden flüssige braune Sojasoße. Dies war schon im 17. Jahrhundert eine Sensation auf dem Londoner Markt. Seeleute, die etwas Besonderes mitbringen wollten, wählten meistens eine teuer bezahlte Flasche Sojasoße. Sie war für Europa neu, und man begann nun, sie nachzuahmen; unsere braune flüssige Suppenwürze entstand also nach dieser viel älteren Sojasoße.

Ein anderes Gewürz ist Glutamat. Ich habe hundertfach diesen Versuch gemacht: Zuerst gab ich den Besuchern eine kleine Kostprobe ohne Glutamat, dann streute ich dies darüber und fragte: »Schmeckt es mit oder ohne Glutamat besser?« Alle antworteten wie aus einem Munde: »Mit Glutamat schmeckt es besser.« Unsere Gewürzfirmen wissen das, daher bekommen die Hausfrauen in den Läden Gewürzmischungen, die Glutamat enthalten. Auch in Fertiggerichten ist oft Glutamat enthalten.

Sojasoße / jeung yow: Beim Einkauf darauf achten: Es gibt japanische, chinesische, indonesische, englische oder auch deutsche Sojasoßen im Handel. Für original chinesische Gerichte auch original chinesische Sojasoße verwenden, wenn das möglich ist.

Glutamat: Das beste Glutamat ist chinesisch und heißt ve-tsin. Auch mee boan ist chinesisches Glutamat. Ajinomoto und Asahi-aji sind japanische Firmennamen für Glutamat. Nach neuesten amerikanischen medizinischen Forschungen sollen Schwangere vorsichtig mit Glutamat sein.

Rote Bohnensoße / hoy sien jeung: Delikate Soße, unentbehrlich für Gerichte von Krustentieren und Pekinger Ente.

Austernsoße / ho-yow: Kann fertig in Flaschen gekauft werden, dient zum Würzen von Fisch, Fleisch und Geflügel.

Anispfeffer / fa jew: Wird auch Szechuanpfeffer (Xanthoxylum piperitum) oder ch'ün-tsin genannt. Ist etwas scharf, weckt aber das verborgene Aroma des Koch- oder Bratgutes.

Sternanis / baat gok: Enthält aromatische Öle. Wird vor allem gern beim Rotkochen verwendet.

Zimt chinesisch / yook gwuy: Reich duftend, ist scharf, dabei auch etwas süß.

Fenchel / wooi heung: Grüne, elliptisch-geformte Samenkapsel. Sehr bekömmliches Gewürz.

Muscheln, getrocknet / gon yiu chee: Dienen zum Würzen von Suppen und manchen Reisgerichten.

Petersilie, chinesisch / hsiang-ts'ai: Ist zarter als unsere Petersilie, duftet auch stärker. Wer sie erst einmal kennengelernt hat, wird nur ungern darauf verzichten.

Gewürz der fünf Düfte, mit dem Namen herng lew fun oder heung new fun, ist ein interessantes Mischgewürz, das für viele Gerichte verwendet werden kann. Es besteht aus fünf verschiedenen chinesischen Gewürzen. Wer es nicht bekommen kann, vermische folgende Gewürze miteinander: 1 Teelöffel Thymian, 1 Teelöffel Anis, 1 Teelöffel Zimt, 1 Teelöffel Nelkenpulver und 1 Messerspitze Ingwer. Es ist notwendig, daß alle Gewürze pulverig vermahlen wurden.

Wie es die chinesische Köchin in Deutschland macht

Wir haben uns mit chinesischen Hausfrauen und Köchinnen, die eben aus China kamen, in Verbindung gesetzt und betrachteten mit Respekt, was sie aus den hiesigen Zutaten machten. Wir fragten sie: »Chinesische Lebensmittel sind doch oft recht teuer, denn es liegt ja manchmal beträchtlicher Importzoll darauf. Können sich alle Chinesen in Deutschland das überhaupt leisten?« Die Antwort: »Nur wenige können sich ständig die Originalzutaten und -gerichte erlauben. Aber für uns Chinesen sind es Erinnerungen an die Heimat, auch wenn wir nur die Zutaten verwenden können, die man hierzulande erhält.«

Für diese ›Ersatzzutaten‹ folgende Tips:

Anstatt *Sojasoße,* womit ja die Gerichte auch gesalzen werden, nimmt man bekannte Suppenwürzen. Die chinesischen Wäscher auf unseren Schiffen zum Beispiel kommen zum Oberkoch und fragen: »»Haben Sie etwas Maggi für uns?«

Anstatt *Glutamats* kann man Fondor nehmen.

Kaeng Cbüd

oder thailändische Krabbensuppe

$^1/_2$ l Sahne, $^1/_2$ l Milch, 200 g Kokosraspel,
etwas Salz, 4 Schalotten, 1 Knoblauchzehe,
1 TL Korianderpulver, 1 EL Sojasoße, 1 EL Zucker,
1 Messerspitze Cayennepfeffer, 10 Pfefferkörner,
abgeriebene Schale von einer Zitrone,
100 g ausgelöste oder tiefgekühlte Crevetten,
einige geröstete Brotwürfel

Die Sahne zusammen mit der Milch, den Kokosraspeln und etwas Salz aufkochen. Beiseite stellen und ca. 20–30 Minuten ziehen lassen.
Die Schalotten und die Knoblauchzehe fein hacken. Die Suppe abseihen und mit Korianderpulver, Sojasoße, Zucker, Cayennepfeffer, Pfefferkörnern und der abgeriebenen Zitronenschale würzen. Nun die Schalotten und die Knoblauchzehe reingeben, aufkochen lassen und die Crevetten und einige geröstete Brotwürfel einlegen.

Anstatt *Reisweines* nimmt man Sherry.

Anstatt echten chinesischen *Reises* nimmt man Milchreis.

Anstatt *eingemachten Kohles* nehme man Wirsing. Rezept siehe unter Gemüse (Seite 26). Eingemachter Kohl ist dem Chinesen als Abschluß beim Mahl unentbehrlich. Original wird chinesischer Senfkohl (Brassica cernua) verwendet.

Anstatt *Bambussprossen* nehme man Chicorée.

Anstatt *Bohnensprossen* nehme man in Streifen geschnittenen Porree. Bitte über andere Möglichkeiten selber nachsinnen.

Original chinesische Tische sind rund, aber das muß nicht sein. Nach chinesischer Sitte sitzen die Gastgeber den Gästen gegenüber, haben ein Paar Extrastäbchen bereit, womit sie den Gästen kleine besondere Leckerbissen reichen.

Jeder Gast hat einen Teller vor sich, die Eßstäbchen werden rechts gelegt; reicht man Suppe, so soll sie links vom Teller ihren Platz haben. Die Suppenschüssel sollte etwas kleiner sein als die dahinter stehende Reisschüssel. Suppe und Reis ißt man während der ganzen Mahlzeit hindurch. Es ist auch nicht falsch, wenn die Suppe hinterher gereicht wird. Bitte in die Suppenschüssel einen Suppenlöffel legen. Beim Familienessen kommt der Reis mit den Hauptgerichten auf den Tisch, bei Festessen erscheint er jedoch am Ende der Mahlzeit.

Ein chinesisches Mahl kann aus acht bis zehn Gängen bestehen (kaiserliche Festessen hatten weit mehr). In der Mitte des Tisches haben zwei Kaltgerichte und zwei Schüsseln mit Früchten und Nüssen (siehe Vorgerichte) ihren Platz, wovon die Gäste ganz nach Belieben nehmen können. (Diese Servierweisen hängen mit der chinesischen Philosophie zusammen.)

Die Chinesen reichen auch heiße Tücher zur Mahlzeit, womit die Gäste sich Hände und Mund abwischen können. Am Schluß des Essens ist es üblich, nochmals Reis und Tee zu servieren.

Chinesisch servieren

Uns ging es um mehr, als fremdländische Speisen in fremdländischen Schüsseln darzubieten. Aber der Mensch ißt auch mit den Augen. Vor allem den Gästen wollen wir das Besondere bieten. Chinesische Schüsseln, Näpfchen und Teller werden in den kleinsten Orten manchmal zu Schleuderpreisen angeboten. Wer verwöhnteren Geschmack hat, sehe sich in einem Spezialladen um.

Suppenschale: Jeder Gast bekommt eine henkellose Schale mit einem Porzellanlöffel. Für vornehme Zwecke ist sie senkrecht geformt (wie ein hoher Becher), doch eine halbkugelig geformte tut es auch.

Mittlerer Teller: Dient zum Essen der Speisen wie Fisch, Fleisch und Geflügel.

Reisschüssel: Für jeden Gast sollte eine halbkugelförmige Schüssel mit Deckel bereitstehen, damit der Reis heiß bleibt.

Eßstäbchen: Man kann sie in vielen Formen und aus vielerlei Material kaufen. Man vermeide jedoch allzu spitze Eßstäbchen, weil dazu viel Übung gehört.

Teeschale: Die hohen Original-Teeschalen sind henkellos und haben einen Deckel, doch kleine chinesische Teeschalen genügen auch.

Reisweinschälchen: Es gibt in den Läden Reisweinsets mit Schälchen und Reisweinkrug (alles aus Porzellan). In diesen Krügen kann man Reiswein im Wasserbad erwärmen. Reiswein soll auf 40 °C erwärmt getrunken werden.

Schüsselchen für Zutaten: Auch sollte man Schüsselchen mit Senf, Senfmischungen, Salz und Pfeffer (gemischt), Glutamat und Sojasoße auf den Tisch stellen.

Teller für Knochen oder Gräten: Wird Fisch oder Geflügel mit Gräten oder Knöchelchen serviert, sollte man dafür einen Extrateller hinstellen.

Kein Gast sollte gezwungen werden, mit Eßstäbchen zu essen; daher bitte auch Messer und Gabel bereithalten.

Wie man mit Eß-Stäbchen ißt

Mit Stäbchen essen, ist leichter, als viele denken. Sie sind das natürlichste und universellste Eßgerät, das wir kennen. Wie geschickt können schon die chinesischen Kinder damit umgehen! Die Chinesen haben so viel Übung, daß sie sogar ein ganzes Steak auf dem Teller damit zerteilen. Also probieren Sie es nur! Die einfachsten Stäbchen, die man schon ganz billig bekommt und die manche nach einmaligem Gebrauch aus hygienischen Gründen fortwerfen, sind gerade die besten. Kostbare Stäbchen aus Elfenbein oder Silber sind für ungewohnte Hände viel zu glatt. Frisch gewagt, ist halb gewonnen! Die beiden Stäbchen in die rechte Hand zwischen Daumen und Zeigefinger nehmen. Das untere Stäbchen liegt fest, und das obere wird mit Daumen und Zeigefinger bewegt. Mit den Spitzen wird die Speise ergriffen. Diese müssen gleichmäßig übereinander liegen. Beim Essen können wir getrost die Schüssel in die Hand nehmen, dann fällt bestimmt nichts daneben.

Essen Sie mit diesen Stäbchen übungshalber Ihre Kartoffeln, Bohnen, Rosenkohl, das geschnittene Fleisch, den Fisch, den geschnittenen Kuchen oder Nachtisch. Es braucht gar keine chinesische Speise zu sein. Sogar Bleistift und Radiergummi lassen sich damit schnappen. Machen Sie ein amüsantes Schnapp- und Greifspiel daraus!

Suppen, Vorspeisen, Soßen

羹湯冷盤及滷汁

Suppen

Die Chinesen sagen: Die Suppe soll den Geschmack klären. Darum soll sie während eines Festessens öfters und vor allem noch einmal zum Schluß gereicht werden. Auch hat die Suppe psychologische Effekte, denn durch sie sollen die Wartezeiten überbrückt werden. Es gibt dafür ein einprägsames Bonmot: ten, jen, hen. Das bedeutet: warten, meiden und zugreifen. Der Gast soll warten, vielleicht erscheint ein noch besseres Gericht in der Speisenfolge. Er soll meiden, was ihm nicht gefällt, und er soll zugreifen, wenn es etwas Gutes gibt. Er soll an der Suppe so lange naschen (stets wird auch etwas trocken gekochter Reis dazu serviert), bis seine Lieblingsspeise an der Reihe ist.

Die Chinesen sind durch ihre guten Suppen weltberühmt geworden. Bekannt ist die Schwalbennestersuppe (yien waw), deren Hauptzutat gewöhnlich in zwei Sorten in den Handel kommt, die beide nach besonderen Verfahren gereinigt wurden, also durchaus nichts Unappetitliches haben. Die eine besteht aus tassenähnlichen kleinen Nestern; die andere erinnert mehr an gewölbte Holzspäne; letztere werden auch Drachenzähne genannt. Eine Schachtel mit Schwalbennestern wiegt meistens etwa 175 g. 30 g reichen für 6 bis 8 Suppenschüsselchen.

Nicht weniger bekannt ist die Haifischflossensuppe, wozu ein bestimmter Suppenhai benötigt wird, dessen Fleisch und Leber reich an Vitaminen sind. Aber der Fisch ist gar nicht häufig und sein Fang selten. Nur die besten chinesischen Köche können eine tadellose Haifischflossensuppe kochen. Bei uns kommen die Haifischflossen, wozu auch die Schwänze gehören, getrocknet in den Handel, und der Preis liegt meistens sehr hoch. Am teuersten sind die langen Flossen, weil sie qualitativ die besten sind.

Auch Kohlsuppe ist in China eine Delikatesse. Sie wird alljährlich im zweiten Monat zur Erinnerung an die buddhistische Madonna Kuan Yin gegessen. Der Kohl wird dazu in die Erde vergraben und mit Schlamm so bedeckt, daß er keimen kann. Diese zarten weißen Sprossen schmekken außergewöhnlich gut. Mal sind sie süß, mal sauer im Geschmack, womit sich seit alter Zeit ein Brauch des Wahrsagens verknüpft hat.

Chinakohlsuppe
baak choy tong

Chinakohl wird auch bei uns angebaut. Er schmeckt aber erst richtig, wenn Schweinefleisch hinzukommt.

- 2 Kopf Chinakohl
- 3/4 Tasse Speiseöl
- 1 Schalotte
- 1 l Brühe
- 30 g Ingwer aus der Dose
- 2 TL Sojasoße
- 1 Prise Salz
- 1 Prise Pfeffer
- 1 Prise Zucker
- 1 TL Glutamat
- 1 TL Stärkemehl
- 125 g Schweinefilet
- Kräuter

Geputzten Kohl schneiden, in wenig Öl dünsten, gehackte Zwiebel hinzugeben, mit Brühe auffüllen und 15 Minuten kochen. Gewürfelten Ingwer hinzugeben. Suppe abschmecken mit Salz, Pfeffer, Sojasoße, Zucker und Glutamat. Kochende Suppe binden mit Stärkemehl. Inzwischen Schweinefilet in dünne Blättchen schneiden, in heißer Pfanne in heißem Öl 3 Minuten schwenken, auf einen Durchschlag schütten, abgetropft 5 Minuten in der heißen Suppe ziehen lassen. Diese darf nun aber micht mehr kochen, weil sonst das Fleisch zäh werden würde. Anrichten und mit Kräutern bestreuen.

Brunnenkressensuppe
suy yeung choy tong

- 200 g Wasserkresse oder 2 der üblichen Kästchen mit Brunnenkresse
- 1 l Fleischbrühe
- 30 g Ingwer (aus der Dose)
- 1 EL Sojasoße
- 1 Prise Salz
- 1 Prise Pfeffer
- 1 Prise Zucker
- 150 g Schweinefilet
- 1 TL Stärkemehl
- 3/4 Tasse Speiseöl

Gewaschene und geschnittene Kresse in kochender Brühe langsam 15 Minuten ziehen lassen. Geschnittenen Ingwer in Öl leicht rösten und abgetropft zur Suppe schütten. Mit Sojasoße, Salz, Pfeffer und ganz wenig Zucker abschmecken. Im letzten Augenblick in dünne Scheibchen geschnittenes Filet in Stärkemehl wälzen, in heißer Pfanne in heißem Öl 3 Minuten garen, auf einen Durchschlag schütten und abgetropft zur Suppe schütten. 5 Minuten in der Suppe ziehen lassen, die aber nicht mehr kochen darf.

Abalonensuppe
bow yü tong

100 g chinesische Pilze (getrocknet)

1 l Fleischbrühe

1 kleine Dose Abalonen (Meeresschnecken)

1 EL Sojasoße

1 TL Glutamat

1 Prise Salz

100 g Schweinefilet

3/4 Tasse Speiseöl

Vorgequollene Pilze in der Brühe 20 Minuten kochen. Auch Einweichwasser hinzugießen. Abalonen in Scheibchen schneiden, samt Flüssigkeit zur Suppe gießen. Abschmecken mit Sojasoße, Glutamat und Salz. Filet in Blättchen schneiden, in heißer Pfanne in heißem Öl 3 Minuten garen, auf einen Durchschlag schütten. Abgetropft zur Suppe schütten. Mit frischen Kräutern bestreuen.

Schwalbennestersuppe
yeen-waw tong

50 g Schwalbennester (getrocknet)

1 l Geflügelbrühe

2 bis 3 Eiweiß

1 Tasse feingehacktes gekochtes Hühnchenfleisch

1 TL Stärkemehl

1 Prise Salz

100 g feingehackter gekochter Schinken

1 TL gehackte Kräuter

Schwalbennester mit 1/4 l kochendem Wasser begießen, über Nacht ruhen lassen. Flüssigkeit mit Hilfe eines Siebes abgießen. Was zurückblieb, in 3 Tassen frischem kochendem Wasser langsam auf dem Herd ziehen lassen. Wieder abgießen, ausdrücken und mögliche Unreinheiten entfernen. Inzwischen Geflügelbrühe aufkochen, Eiweiß und Hühnchenfleisch vorsichtig unterschlagen. Schwalbennester hinzugeben, 12 Minuten ziehen lassen, mit Stärkemehl binden und salzen. Beim Anrichten mit Schinken und Kräutern bestreuen. Suppe recht heiß servieren.

Dazu: chinesische Crackers oder Salzmandeln.

Lotuswurzelsuppe
lien ngow tong

1 kleine Dose Lotuswurzeln

8 getrocknete chinesische Datteln (hoong joe)

1 Stück getrocknete Tangerinenschale (Apfelsinenschale als Ersatz)

1 l Fleischbrühe

1 Schuß Sherry
2 EL Sojasoße
1 Prise Salz
150 g Rindsfilet
3/4 Tasse Speiseöl
Kräuter

Lotuswurzeln in Scheibchen schneiden. Vorgequollene Datteln und Tangerinenschale zur kochenden Brühe schütten samt Einweichwasser. 10 Minuten langsam kochen lassen, Lotuswurzeln hinzugeben und Tangerinenschale herausnehmen. Abschmecken mit Sherry oder Reiswein, Sojasoße und Salz. Erst im letzten Augenblick in dünne Scheibchen geschnittenes Filet in heißer Pfanne in heißem Öl 3 Minuten braten, auf einen Durchschlag schütten und abgetropft 5 Minuten in der heißen Suppe ziehen lassen. Diese darf nun nicht mehr kochen. Mit Kräutern bestreuen.

Haifischflossensuppe

kauft man am besten fertig in Dosen. Nach Vorschrift zubereiten.

Vorspeisen

Chinesische Vorspeisen werden meistens kalt serviert. Bei einem festlichen Bankett werden auf einem runden Tisch 24 Schüsseln mit pikanten Kleinigkeiten bereitgehalten. Bei einer kleinen Gästeschar genügen jedoch vier solcher Schüsseln. Jeder Gast nimmt die Teile mit Eßstäbchen heraus und ißt sie, während auf den nächsten Gang gewartet wird.

Was ist in den einzelnen Schüsseln?

Melonenkerne / hoan gwa jee

Getrocknete Samen der Wassermelone. Gelten als Leckerbissen. Es gehört etwas Geschicklichkeit und Übung dazu, sie mit den Zähnen aufzuknacken.

Lotusnüsse / Lien jee

Kleine Nüsse in dunkelbraunen Hülsen. Gelten als Symbol der Fruchtbarkeit und dürfen bei festlichen Gelegenheiten nicht fehlen. Man kann sie konserviert in Dosen und getrocknet in Pakkungen kaufen.

Mandeln

Mandeln in kochendes Wasser tauchen, schälen und leicht rösten. Können auch leicht gesalzen werden.

Erdnüsse mit Sesam

Leicht gerösteten Sesam

(schwarz oder weiß) mit Erdnüssen vermischen.

Pinienkerne mit Sesam
Leicht gerösteten Sesam mit Pinienkernen vermischen.

Sauer gepickeltes Gemüse

Cinesische Eier / p'iyan
Nachdem die Schale entfernt wurde, schneidet man sie, beträufelt leicht mit Essig, gibt auch gehackten Ingwer hinzu, richtet an und garniert mit Brunnenkresse.

Und nun einige Rezepte für die Vorspeisen:

Bohnensprossen und Shrimps

1 Stange Chicorée
2 EL Bohnensprossen aus der Dose (besser frische)
1 kleine Dose Shrimps
2 EL Sojasoße
1 TL Speiseöl
1 Spritzer Essig
Kräuter

Geputzten Chicorée in Streifen schneiden, mit abgetropften Bohnensprossen und geschnittenen Shrimps vermischen. Mit Sojasoße, Speiseöl und Essig beträufeln. In Schälchen anrichten und mit Kräutern bestreuen.

Roher Lachs mariniert

Ein Genuß! Aber nur ganz wenig reichen!

150 g roher Lachs
2 EL Sojasoße
2 EL Reiswein oder Sherry
1 EL Speiseöl
1 Messerspitze Glutamat
etwas Schnittlauch
1 Prise Salz
1 Prise Pfeffer

Von allen Häuten und Gräten befreiten Fisch in hauchdünne Scheibchen schneiden. Mit Sojasoße, Reiswein oder Sherry, Öl, Glutamat, Schnittlauch, Salz und frisch gemahlenem Pfeffer marinieren. 20 Minuten ruhen lassen, anrichten und dazu chinesische Crackers oder auch Toast.

Soy-Hühnchen

200 g gekochtes Hühnchenfleisch (auch aus der Dose) oder Bratenreste
2 EL Sojasoße
2 EL Speiseöl
1/2 TL Glutamat

Von den Knochen befreites kaltes Hühnchenfleisch in Scheibchen schneiden. Mit Sojasoße, Öl und Glutamat marinieren. 20 Minuten ruhen lassen. Dazu ein Scheibchen Weißbrot.

Soy-Schinken mit Mandeln

1 Stange Bleichsellerie
150 g gekochter Schinken
2 EL Sojasoße
$1/2$ TL Glutamat
2 TL Speiseöl
30 g Mandelraspeln
Salatblättchen
Kräuter

Geputzten Sellerie und Schinken in Streifen schneiden, Sojasoße, Glutamat und Öl verrühren und hinzugeben. Ruhen lassen, auf Salatblättchen anrichten und mit leicht gerösteten Mandeln bestreuen.

Schnittlauchente

200 g gebratenes Entenfleisch
2 EL Sojasoße
2 EL Reiswein oder Sherry
$1/2$ TL Glutamat
1 TL Schnittlauch
ganz wenig Zucker

Von den Knochen befreites kaltes Entenfleisch in Sojasoße, Reiswein oder Sherry, Glutamat, Schnittlauch und Zucker marinieren. 20 Minuten ruhen lassen und mit Weißbrot anrichten.

Schnellbereitete Süß-Saure China-Soßen

KU-WEN-Soße für Fisch, kalt und warm

75 g weißer Kandis
$1\,1/2$ Tassen Wasser
$1/2$ Tasse Essig
1 Tasse chinesische Pickles
$1/2$ Tasse Pflaumen (aus der Dose)
2 EL Sojasoße
$1/2$ TL Glutamat
1 TL Stärkemehl

Kandis in kochendem Wasser auflösen, Essig hinzuschütten, mit geschnittenen Pickles vermischen. Durch ein Sieb gestrichene Pflaumen hinzugeben. Abschmecken mit Sojasoße und Glutamat, leicht mit Stärkemehl binden.

Meng-Lung-Soße für Roastbeef und Steaks, kalt und warm

50 g weißer Kandis
1 Tasse Wasser
1/3 Tasse Essig
1 Tasse Lychee (Litschi)
1 Stück Senfgurke
1 TL Stärkemehl
2 EL Sojasoße
1 TL Glutamat

Kandis in kochendem Wasser auflösen, Essig hinzuschütten. Durch ein Sieb gestrichene Lychee samt Flüssigkeit hinzuschütten. Feinwürfelig geschnittene Senfgurke untermischen. Leicht mit Stärkemehl binden, mit Sojasoße und Glutamat abschmecken.

Shih-Pin-Soße für Geflügel, kalt und warm

50 g weißer Kandis
1 Tasse Mineralwasser
Saft 1 Zitrone
1 Tasse entsteinte Kirschen
1 Stück Paprika aus dem Glas
1 TL Stärkemehl
2 EL Sojasoße
1 TL Glutamat

Kandis in kochendem Mineralwasser auflösen, Zitronensaft, durch ein Sieb gestrichene Kirschen und feingeschnittene Paprika hinzugeben. Mit Stärkemehl binden, abschmecken mit Sojasoße und Glutamat.

Tien-Pao-Soße für Wild und Wildgeflügel, kalt und warm

50 g weißer Kandis
1 Tasse Mineralwasser
Saft 1 Zitrone
1/2 Tasse Johannisbeergelee
1 Tasse Lotusnüsse
1 TL Stärkemehl
1 Spritzer Reiswein oder Sherry
2 EL Sojasoße
1/2 TL Glutamat

Kandis in kochendem Mineralwasser auflösen, Zitrone, Johannisbeergelee und feingehackte Lotusnüsse hinzugeben. Mit Stärkemehl binden, abschmecken mit Reiswein oder Sherry, Sojasoße und Glutamat.

China-Senf minutenschnell zubereitet

Das ist etwas für überraschend kommende Gäste: zu kalten Eiern, zu Fisch, Wurst, kaltem Braten und vielem anderen mehr.

Szechuan-Senf

3 EL Senf
1 TL Sojasoße
1 Spritzer Reiswein (Sherry) oder auch Kognak
1 EL gehackte Bambussprossen
1 TL gehackte Mandarin-Orangen

Alle Zutaten miteinander vermischen.

Yünnan-Senf

3 TL englischer Trockensenf
1 Spritzer Reiswein oder Kognak
1 Stück Ingwer aus der Dose (gehackt)
2 TL Sojasauce
1/2 TL Glutamat

Alle Zutaten miteinander vermischen.

Hunan-Senf

3 TL englischer Senf
2 TL Sojasoße
2 TL Austernsoße
1 Spritzer Reiswein oder Kognak
1 EL gehackte Kumquats

Alle Zutaten miteinander vermischen.

Kwangsi-Senf

3 EL Senf
1 TL Sojasoße
1/2 TL Glutamat,
1 EL gehackte chinesische Mixed Pickles

Alle Zutaten miteinander vermischen.

魚類及海鮮

Fische und Schalentiere

Chinesische Fische und die Fischkochkunst

Wer sich mit chinesischer Kunst, mit Porzellan oder Steinzeug beschäftigt, wird immer wieder Fische als Symbol entdekken. Das chinesische Wort für Fisch »yü« ähnelt phonetisch dem chinesischen Wort Überfluß. Der Fisch ist Sinnbild des Überflusses an Wohlstand, Glück, Freude, Harmonie, Frieden und Weisheit.

Schon zur T'ang-Zeit (618–906 n. Chr.), dem goldenen Zeitalter der Lyrik und Malerei, begegnen wir auf kostbaren Seladon-Schüsseln im reflektierenden Licht grüner Glasuren paarweise schwimmenden Fischen als Sinnbild ehelichen Glückes. Auf Ming-Tellern und -Schüsseln (1368–1644) wurden gern weiße Fische auf rotglasierten Grund geritzt. Einer der klassischen Künstler jener Zeit, Linki (1496–1576), malte auf hellbraunem Untergrund Karpfen und Lotusse. Ein Bild voll Bewegung, klar wie Kristall und mit sparsamem Pinsel aufgetragen.

Aber weit früher, als bei uns noch alles in historisches Dunkel getaucht war, um 3000 v. Chr., ritzten chinesische Fischer ihre Fischzeichen in Knochen und Felswände. Der große Lehrer Fook Hey (etwa 2933 v. Chr.), Dichter, Philosoph und Staatsmann, war der Erfinder von Fischnetzen und Reusen. Schon zur Shang-Zeit (1523–1027 v. Chr.) angelten die Menschen mit Bambusreisern, den ersten Angeln, in den riesigen Seen, Flüssen und Bächen des Landes.

Der Karpfen, der erst vor einigen Jahrhunderten aus China zu uns kam, wird seit mehr als 3000 Jahren gezüchtet. Man legte schon damals große Teiche an, wie das Fan-Li in seinem Buch über die Fischzucht um 500 v. Chr. berichtet, pflanzte Maulbeerbäume rundherum, züchtete gleichzeitig Seidenspinnerraupen und Bienen. Aber die toten Kokons und die Insekten, die ins Wasser fielen, und alle Abfälle dienten den Karpfen zur Speise. Seitdem gehört der Karpfenteich mit den Maulbeerbäumen und Bienenstöcken zum Idyll des chinesischen Dorfes.

Wer so lange mit Fischen umgeht, muß erfahren sein. In einer Hotelküche des Westens kommt gleich nach dem Küchenchef der Saucier – in der chinesischen Küche jedoch der Fischkoch. Er kennt mehr als 130 Zubereitungsweisen, einen Fisch zu dämpfen, mehr als 160, ihn zu backen und zu braten, mehr als 100, ihn auf andere Weise zu garen. Ja, er kennt raffinierte Methoden, Fische roh zuzubereiten, die, wenn es richtig gemacht wurde, auch den Europäern munden. Lachs und Kabeljau eignen sich am besten dazu.

Fisch gilt in China als so große Delikatesse, daß er noch vor dem Fleisch und Geflügel rangiert. Die chinesische Kochkunst verlangt, daß die Fische während der Zubereitung geschmacklich ›entfischt‹ werden. Nach dem Verzehr muß der Atem rein und klar sein, sonst empfindet der Chinese es als unkultiviert. Darum wendet er besondere Verfahren an mit Reis- oder Chrysanthemenwein, Ingwer und tse-tung, einer vortrefflich geeigneten Schalottenart, weit milder als unsere.

Der Karpfen (lay yü), als Symbol des langen Lebens, wird allen anderen Fischen vorgezogen, auch dem Hai, trotz der delikaten Haifischflossensuppe! Andere Fische, die gern gegessen werden, sind: Lachs (saah mun yü), Mandarinfisch (lay faah yü), Kabeljau (lo yü), Tarbutt (ping jee yü), Stör (wuy waung yü), Haifisch (eine besonders delikate Art yü chee), Hering (lo yü), Seebarsch (hoy lo yü) und Flußbarsch (haw lo yü).

Kabeljaufilet mit Mandeln
jee-mah yew-pai

800 g Kabeljaufilet
1 Spritzer Zitrone
1 Prise Salz
2 TL Sojasoße
1 Glas Reiswein oder Sherry
1 Schalotte
1 Messerspitze Ingwer
ganz wenig Zucker
1 Tasse Weizenmehl
1 Schuß Speiseöl
Schnee von 2 Eiern
Backfett oder -öl
2 TL weißer Sesam
2 TL Mandelraspel

Kabeljaufilet mit Zitrone beträufeln, damit das Fischfleisch sich festigt. Fisch in eine Schüssel legen, salzen, mit Sojasoße, Reiswein oder Sherry beträufeln, mit gehackter Schalotte, Ingwer und ganz wenig Zucker bestreuen. 15 Minuten ruhen lassen. Durchgesiebtes Weizenmehl mit zurückgebliebener und durchgesiebter Marinade vermischen, Öl und Eierschnee unterziehen. Fisch durch diesen Backteig ziehen, leicht abstreifen und in heißem Backfett oder -öl bei 180 bis 190° backen. Sesam und Mandelraspel in heißer Pfanne leicht lösen und über den fertigen Fisch streuen.

Süß-saurer Fisch
tiem shün yü

Karpfen, Kabeljau oder Meeräsche eignen sich am besten dafür.

1000 g Fisch
etwas Mehl
Speiseöl oder Fett
2 frische Paprika
1 Zwiebel
40 g weißer Kandis
1/3 Tasse Essig
1/2 Tasse Reiswein oder Sherry
2 EL Sojasoße
1 Prise Salz
1 Stück Ingwer
2 EL Stärkemehl (Erbsen-, Kastanien- oder Weizenmehl)

Den geputzten Fisch mehrfach auf dem Rücken einschneiden, damit er schneller und besser gar wird. Mit Mehl bepudern und in flacher, heißer Pfanne in Fett oder Öl von beiden Seiten braten oder backen. Fisch dürfte nach 15 Minuten genügend durchgezogen sein. Inzwischen bereitet man die Soße zu. Entkernte, geschnittene und gewaschene Paprika in Öl (natürlich auch einmal Margarine) schmoren, gehackte Zwiebel hinzugeben. Kandis in 2 Tassen kochendem Wasser auflösen, Essig, Reiswein, Sojasoße, Salz und geschnittenen Ingwer hinzugeben. Das Ganze zum Paprika schütten, leicht mit Stärkemehl binden. Soße abschmecken. Abgetropften Fisch auf passendes Geschirr legen, süßsaure Soße darübergießen, bei recht hoher Hitze (250°) in der Röhre oder unter dem Grill schnell überhitzen, recht heiß mit gekochtem Reis und Mixed Pickles servieren.

Anmerkung: Fischkenner meinen, man könne unsere meisten Süß- und Salzwasserfische so zubereiten, nur keine Plattfische wie Steinbutt und Scholle. Zu den süßsauren Soßen kann man auch andere Zutaten verwenden: Möhren, Lauch, Gurken, Rübchen, Kürbis, Chirimoya, Mango, Chow-Chow und vieles andere mehr.

Gefüllter Fisch
yeung yü

1 Hecht
6 Wasserkastanien
100 g chinesische Pilze
75 g Räucherschinken
1 Schalotte oder 1/2 Zwiebel
50 g Austern aus der Dose (sonst Shrimps oder Muscheln)
1 TL gehackte Kräuter
2 EL Sojasoße
1 TL Glutamat
1 Prise Salz

1 Prise Pfeffer
1 TL Stärkemehl
3 EL Speiseöl

Hecht vom Rücken her aufschneiden, Eingeweide und Gräten herausnehmen. Flossen abschneiden und Fisch sorgfältig waschen. Inzwischen abgetropfte Wasserkastanien, Pilze, Räucherschinken, Schalotte und Austern feinhacken. Das Ganze mit Kräutern vermischen, abschmecken mit Sojasoße, Glutamat, Salz und Pfeffer. Füllung in den Fisch geben (je nach Größe auch mehr oder weniger Füllung nehmen). Fisch zunähen, mit Sojasoße bestreichen, mit Stärkemehl bepudern, in heißer Röhre in heißem Öl garen, dabei öfters mit Sojasoße bepinseln und begießen. Den Fisch, der nach 20 bis 25 Minuten fertig ist, auf einer Platte anrichten. Gekochten Reis extra reichen. Auch Pickles nach Geschmack servieren.

Gebratener Fisch mit Sojabohnen
chow yü

1 ganzer Fisch
wie Rotbarsch
Karpfen
Schlei usw.
1 Spritzer Zitrone
1 Prise Salz
2 EL Stärke- oder Weizenmehl
Speiseöl oder Fett zum Braten
1 Zwiebel
2 bis 3 TL schwarze Sojabohnen (fertig in Dosen)
100 g gekochter Schinken oder Schweinebraten
2 EL Sojasoße
2 EL Reiswein (oder Sherry)
1 TL gehackte Kräuter

Geputzten Fisch mit Zitrone beträufeln, damit Fischfleisch sich festigt. Auf dem Rücken mehrfach einschneiden, damit er besser und schneller gart. Salzen, in Mehl wenden und in heißer Pfanne in heißem Öl oder Fett auf beiden Seiten braten. Nach 15 Minuten dürfte er allgemein durch sein. Inzwischen gehackte Zwiebel in Öl oder Fett goldgelb schmoren, gehackte Sojabohnen, geschnittenen Schinken oder Schweinebraten hinzugeben. Mit Reiswein und einem Schuß Wasser ablöschen. Sojasoße hinzugeben und ganz leicht mit Stärkemehl binden. Abgetropften Fisch auf passendes Geschirr legen, mit Soße übergießen und in heißer Röhre (250°) oder unter dem heißen Grill sehr schnell überkrusten, mit Kräutern bestreuen und mit gekochtem Reis und Pickles oder Salat servieren.

Schalentiere

Abalone oder Austern, Eier und Frühlingszwiebeln zu einer Omelette zubereitet, da läuft dem Chinesen das Wasser im Munde zusammen!

Schalentiere haben das Aroma und den Wohlgeruch des Meeres (hsien), darum werden sie auch hsia genannt. Das Geheimnis der chinesischen Kochkunst liegt oft nur in einer Nußschale Reiswein. Sherry ist ein guter Ersatz; er erhält den ursprünglichen Duft des Meeres nicht nur, sondern erhöht ihn sogar. Durch ein wenig Ingwer verlieren die Schalentiere auch den letzten Hauch von Fisch. Das Negative wird in Positives umgewandelt durch einige einfache Küchentips.

Die ›trunkenen Shrimps‹ von Hangchow müssen so scharf mit Wein, Ingwer und Sojasoße gewürzt sein, daß sie, wie die Chinesen sagen, im Munde zu springen beginnen. Abalone und Shrimps sind eine herrliche Ergänzung zu rotgekochtem Schweinefleisch oder zu Fleischklößen (shrimp fu-yung).

Die Chinesen feiern gern Krabbenparties, wo die Krabben nicht gekocht, sondern in der ›dampfenden Laterne‹ (jing loong) gegart werden. Damit sie die richtige Würze bekommen, taucht man sie in eine Marinade von Chingkiang-Essig, geschnittenem Ingwer und Sojasoße. Dazu wird heißer Tee oder Wein getrunken, denn nach der medizinischen Lehre der Chinesen haben die Schalentiere eine ›kalte Natur‹ und müssen durch ein heißes Getränk belebt werden.

Abalonen (bow yü) sind ungewöhnlich große Meeresschnecken mit nur einer tiefen Schale und einem Fuß. Meistens sind sie 15 bis 20 cm lang und 10 bis 13 cm breit. Die einheitlich braune Oberfläche schillert in vielen Farben. Weil diese Schneckenschalen zu den wertvollsten zählen, die es gibt, werden sie vor allem für Perlmutter verwendet. Abalonen waren auch unseren Vorfahren bekannt, sie wurden Seeohr (engl. ormer) genannt und kommen im Ärmelkanal vor.

Merkwürdigerweise ist diese Zucht der Meeresschnecken an der ostamerikanischen Küste heute größer als in China, so daß die meisten Abalonen auch von den chinesischen Hausfrauen aus der Dose genommen werden. Die enorme Größe dieser Weichtiere und ihr delikater Geschmack haben die feinsten kalifornischen Restaurants und Hotels veranlaßt, Abalonensteaks in vielen

Variationen auf die Speisekarte zu setzen. Bald wird die Welle der Abalonen-Spezialitäten auch uns erreichen, denn die Abalonen werden tiefgefroren importiert.

Vorläufig aber werden wir uns mit Dosen begnügen müssen. Aber Vorsicht beim Erhitzen. Abalonen dürfen nur ganz kurz gekocht werden. Sie verlieren sofort ihr delikates Aroma und werden zäh wie Gummi. Nicht immer wird man eine ganze Dose gebrauchen. Sie muß darum sofort in ein irdenes oder Porzellangefäß umgeschüttet werden. Vollständig mit eiskaltem Wasser bedecken, luftdicht mit einem Deckel schließen und nicht zu kühl im Eisschrank aufbewahren. Täglich sollte das Wasser gewechselt werden.

Manche mögen Abalonen lieber kalt als warm, weil dann das Aroma noch stärker wirkt. Auf keinen Fall darf die Flüssigkeit in der Dose fortgeschüttet werden. Davon läßt sich eine ausgezeichnete Suppe bereiten. Nur etwas Grünes und einige Stückchen Schweinefleisch hinzugeben, mit Brühe verlängern, mit Stärke- oder Reismehl binden und mit Sojasoße und Glutamat abschmecken.

Krevetten werden oft auch als *Shrimps* bezeichnet, die in unseren Gewässer in zwei wesentlichen, für die Küche brauchbaren Arten vorkommen: 1. Schwert-Shrimps (crevettes rosé), deren Kopf mit einem langzahnigen Schnabel bewaffnet ist. 2. Gewöhnliche Shrimps (crangon vulgaris), die auch Garnelen oder fälschlicherweise Krabben genannt werden.

Tiefgekühlte Krevetten, Shrimps, chinesische Hummerkrabben und Riesenkrabben müssen in der Schale gekocht und dann geschält werden. Würden sie vor dem Kochen geschält, würde das Fleisch, das sehr zart ist, sofort zerfallen. Der Rücken der Tiere muß lang eingeschnitten und der schwarze Faden, der Sand enthält, herausgenommen werden.

Krabbensalat
chin p'ing mei

»Es waren da vierzig große Krabben, fertig mariniert mit Pfeffer, Ingwer, Knoblauch und Kräutern und zubereitet mit Öl, Soße und Essig. Sie rochen sehr aromatisch und wiesen auf ein ausgezeichnetes Essen hin. Die beiden gebratenen Enten waren auf die bezauberndste Weise zugerichtet. Der Wein wurde gebracht und geöffnet. Er war hellgrün in der Farbe und sehr süß. Ehe er in den Weinkrug geschüttet wurde, goß man ein Kännchen kaltes Wasser hinzu, damit er milder schmeckte. Er hatte eine feine Blume, viel feiner als die von Traubenwein.« (Aus dem Roman »Chin P'ing Mei«)

1 Dose Crabmeat oder frisch gekochtes Krabbenfleisch
1 Prise Pfeffer
1 Stück Ingwer aus der Dose
ganz wenig Knoblauch
2 EL Speiseöl
2 EL Sojasoße
1 Spritzer Essig
Salatblätter
1 TL gehackte Kräuter

Crabmeat oder Krabbenfleisch in passende Stücke schneiden, Pfeffer und feingeschnittenen Ingwer hinzugeben. Am besten reibt man die Schale mit Knoblauch aus. Vermischen und abschmecken mit Speiseöl, Sojasoße und Essig. Auf Salatblättern anrichten und mit Kräutern bestreuen.

Nun, wer dem Roman folgt, gebratene Ente und Reiswein dazu reicht, wird einen ausgezeichneten Dreiklang entdecken.

Hongkong-Überraschung
laat jew jeung

2 frische Paprika
250 g Shrimps
100 g magerer Speck
1/2 Zwiebel
Speiseöl
1 EL Chili- oder Tabascosoße
2 TL Sojasoße
1/2 TL Glutamat
1 Prise Salz
1 Prise Zucker
200 g Bohnenkäse (Tofu oder doofu)
1 TL gehackte Kräuter

Paprika entkernen, waschen und schneiden. Sollten frische Shrimps verwendet werden, müssen sie zuvor gekocht und geschält werden. Gewürfelten Speck nur wenig schmoren, gehackte Zwiebel, etwas Öl, Paprikastücke und Shrimps hinzugeben. 2 Minuten bei geschlossenem Topf ziehen lassen. Chili- oder Tabascosoße, Sojasoße, Glutamat, Salz und Zucker hinzugeben. 20 Minuten langsam garen. Bohnenkäse in große Würfel schneiden, in Öl braten und im letzten Augenblick zum Gericht schütten. Anrichten, mit Kräutern bestreuen und gekochten Reis extra reichen.

Reis, Nudeln und Eierspeisen

飯類麵點
及蛋類食品

Reis und Reisgerichte

Von der Schale mit Reis geht in China alles aus. Die Mittagszeit wird die ›Stunde des Reises‹ (fan) genannt. Speisen oder essen bedeutet immer, Reis essen (tschin fan). »Kommt herein, kommt herein, der Reis ist aufgetischt.« Hoy faahn luh! Chang yup luy! Mit diesen Worten hebt die Köchin zeremoniell den Deckel vom Reistopf und ruft die Gäste ins Eßzimmer. Der Reis thront im Mittelpunkt des gesamten Menüs, und rundherum werden die den Reis umrahmenden und begleitenden Gerichte angeboten.

Die Sitte will, daß am achten Tag des zwölften Monats ein festliches Reisgericht zubereitet wird, wozu man lao mi, besonders lang gelagerten Reis, benötigt. Alles, was der Himmel an Früchten gespendet hat, wird hinzugegeben, so auch vier verschiedene Zukkersorten. Zuerst wird das Gericht den Ahnen gereicht, dann der ganzen Familie, von den Großeltern bis zum Kind in der Wiege. Man schickt das Gericht den Freunden und Bekannten als Gruß und Zeichen der Verbundenheit. Es ist so beliebt, daß selbst Kuan Lin, die Madonna des fernen Ostens, es zubereitete, ehe sie in den buddhistischen Himmel auffuhr.

Im Kochen von Reis sind die Chinesen Spezialisten. Alles beginnt mit der Sprache, auch Reis und Reiskochen! Unsere Armut der Sprache zeigt sich darin, daß wir nur Reis sagen können! Die Chinesen aber haben mehr als 100 verschiedene Ausdrücke! Und nicht nur dies. Sie können alles in Bildsymbolen zugleich ausdrükken! Roher, wachsender, enthülster und gekochter Reis: Für alles haben sie ein eigenes Wort. Und wiederum für die Zubereitungsmethoden, für das Waschen, Verlesen, die verschiedenen Mahlvorgänge und die verschiedenen Reissorten! Für Süßspeisen wird eine ganz bestimmte Reissorte (naw may) und für Teig Reispuder von einer klebrigen Reissorte (naw may fun) verwendet.

Ich bin Berufskoch und habe vier volle Jahrzehnte in vielen Teilen der Welt gekocht: in Grandhotels, auf Luxusschiffen, aber auch in der Kantine und Volksküche. Wir Berufsköche bilden uns zwar ein, den Reis in recht viel kochendem Wasser richtig kochen zu können. Nur muß ich aber bekennen: Wir Berufsköche haben nicht die geringste Ahnung, wie man Reis wirklich kocht! Die Asiaten sagen: Es gibt nur eine Methode, Reis richtig zu kochen, und alles andere ist Sünde! Unsere Methode der Berufsköche ist diese Sünde am Reis! Mir selbst fiel es schwer, mir dieses Falsche abzugewöhnen, und ich glaubte, die Asiaten täuschen zu können. Wir Köche sind doch so stolz auf unser Können! Es gelang nicht, und sie sagten mir, ich koche falsch, obgleich ich ganz allein kochte und sie nichts davon sahen.

Falsche Methode der Berufsköche: Reis waschen, in kochendem Salzwasser kernig kochen. Eiskalt abspülen, auf einem Sieb abtropfen lassen, in gebuttertem Geschirr mit Butterpapier in der Röhre erwärmen.

Richtige Reiskochmethode der Chinesen: Reis wird weder gesalzen noch gewürzt. Die oft scharfen Gewürze kommen in den Beilagen zum Ausdruck. Keine Afrikanerin und kein Indio salzen oder würzen das Hauptnahrungsmittel. Hier beginnt schon unsere zivilisatorische Entartung!

Wir überlassen es Ihnen, was für eine Reissorte Sie wählen. Sie sollten sie alle ausprobieren! Nicht nur für das Chinesischkochen, sondern auch für den täglichen Haushalt. Wir können Ihnen auch verraten: Chinesen und Japaner, die sich in Deutschland aufhalten, wählen mit Vorliebe rundkornigen, den sogenannten Milchreis: 2 Tassen Reis, 3 Tassen Wasser.

Reis unter fließendem Wasser gut waschen (in alten chinesischen Schriften heißt es: bis er rattert), abgießen und mit 3 Tassen kaltem Wasser in einen fest verschließbaren Topf schütten (ich verwende stets für den Deckel Bügel aus Haushaltsgeschäften). Auf einer Asbestplatte (weil er sonst leicht anbrennt) ankochen lassen, sofort kleiner stellen und ja nicht nachsehen! Die ersten 20 Minuten alle Neugierde überwinden und den Reis im eigenen Dampf garen lassen. Nach dieser Zeit ist der Reis schön flockig aufgegangen. In der Oberfläche werden Dampflöcher sichtbar. Nun kann man (man muß es nicht) eine schneeweiße Serviette obenauflegen, damit auch die letzten Dämpfe hineinziehen können, wobei man den Deckel wieder schließt, denn der Reis soll trokken sein. Nach insgesamt 40 Minuten ist er fertig. Auf keinen Fall darf der Reis gerührt werden! Auch nicht mit einer Gabel!

Anmerkung: Sie können etwas mehr oder auch weniger Wasser (wie es die Kantonesen machen) nehmen, je nachdem wie weich oder hart Sie den Reis mögen. Um ein Überkochen zu verhindern, geben manche zuletzt etwas Butter hinzu. Sollte unten etwas Reis braun angesetzt sein, so ist das besonders delikat. Die Chinesen backen diese Stücke nochmals im heißen Fettbad.

Reisreste und ihre Anwendung
Die Chinesen kochen meistens gleich eine größere Menge Reis, die sich am anderen Tage (im Kühlschrank aufbewahren!) noch verwerten läßt. Sie können den Reis in die Suppe geben und zu Süßspeisen verwenden. Etwas gesüßte, heiße Milch darübergeben, und der Brei für das Kind ist fertig. Sie können den Reis auf deutsche oder chinesische Art in der Pfanne in Butter schwenken, Bratenreste oder rohe Eier unterziehen. Bestimmte Gemüse wie grüne Bohnen, Spargel, Pilze und vieles andere mehr können in die gleiche Pfanne gegeben werden, auch Fisch, Shrimps, Muscheln oder Froschschenkel! Und der schnelle Reiseintopf aus der Pfanne ist fertig! Sie können die Ihnen bekannten Gewürze oder auch chinesische hinzugeben.

Zwei einfache klassische Beispiele:

Gebratener Reis Hongkong-Art
chow farn hongkong

1 Schalotte oder 1/2 Zwiebel
2 EL Speiseöl
100 g gebratenes Schweinefleisch
4 Tassen gekochter Reis
6 Eier
2 EL Sojasoße
1 TL Glutamat
1 TL gehackte Kräuter
1 Prise Salz
1 Prise Pfeffer

Gehackte Schalotte in heißer Pfanne in Öl goldgelb rösten, geschnittenes Schweinefleisch und Reis hinzugeben. Inzwischen Eier aufschlagen, mit Sojasoße, Glutamat und Kräutern vermischen. Eiermasse unter das Ganze ziehen. Anrichten, sobald sie fest ist. Ganz nach Belieben salzen und pfeffern.

Geschwenkter Reis Peking-Art
chow farn peking

2 frische Paprika
1 TL Stärkemehl
4 EL Speiseöl
1 Schalotte oder 1/2 Zwiebel

150 g Schinken (gekocht)
4 Tassen gekochter Reis
6 Eier
2 TL Sojasoße
1 TL Glutamat
etwas Zucker
30 g Ingwer (falls vorhanden)
1 TL gehackte Kräuter

Paprika entkernen, waschen, in feine Streifen schneiden, in Stärkemehl leicht wälzen und in heißer Pfanne in Öl schmoren, gehackte Schalotte und geschnittenen Schinken hinzugeben. Schließlich Reis unterrühren. Inzwischen Eier aufschlagen, vermischen mit Sojasoße, Ingwer, Glutamat und Zucker. Eiermasse unter das Ganze ziehen. Ist es fest, anrichten, mit Kräutern bestreuen, evtl. salzen und pfeffern.

Nudeln

China ist ein riesiges Land mit äußerst klimatischen Gegensätzen: im Süden subtropischer Regenwald und im Norden Gebirgswüsten mit eisigen Winden. Nur im Norden ernähren sich die Menschen von Weizen, woraus sie ein gedämpftes Brot (mant'ou) oder Nudeln (miin, mie) zubereiten. Im Süden werden nur selten Nudeln gegessen, höchstens zur Geburtstagsparty oder falls einmal eine Abwechslung zwischen den Gängen geboten werden soll.

Aber die Nordchinesen sind Nudelkenner. Für uns ist es schon etwas Besonderes, wenn es hausgemachte Nudeln vom Brett gibt; sie jedoch kennen etwas weit Besseres: geschwungene Nudeln. Nur so bekommen sie das richtige ›Gewebe‹. Das macht zwar etwas mehr Arbeit und erfordert auch etwas Übung, aber es gibt heute so viele Hobbies, und es wird fortwährend nach einer neuen Freizeitgestaltung gesucht, machen wir doch ein Hobby aus dem Nudelschwingen! Nur erst einmal probieren. Bald werden andere es Ihnen nachmachen. Wie die Kinder Seile schwingen, so wird bald die ganze Familie Nudeln schwingen! Die Spielregel heißt: durchhalten und nicht gleich verzagen, wenn es zunächst nicht nach Wunsch gelingt! Der schönste Preis winkt dem, der aushält, sich nicht entmutigen läßt und immer wieder von vorn beginnt. Wenn Sie Unternehmungsgeist haben, eröffnen Sie ein ›Nudelschwinger-Restaurant‹! Schwingen Sie die Nudeln vor den Gästen. Man wird kommen und staunen!

Nudelschwingerrezept:

500 g Weizenmehl
3 Eier
1 Prise Salz
etwas kaltes Wasser

Durchgesiebtes Mehl mit Eiern, Salz und etwas Wasser zu einem festen Teig verarbeiten. Teig nicht ausrollen, sondern zu einer langen Rolle von etwa 5 cm Durchmesser formen. Ein Nudelbrett dick mit Mehl bestreuen. Den lang geformten Teig an beiden Enden mit den Händen ergreifen und so weit schwingend ausziehen, wie Ihre Arme reichen. Teig zusammenfalten, so daß Sie nun die beiden ursprünglichen Enden in der linken Hand halten und mit der rechten ergreifen, was zuvor die Mitte war. Teigstreifen in Mehl auf dem Brett wälzen, damit sie nicht während des Schwingens zusammenkleben. Wieder falten Sie, wälzen wieder auf dem Brett in Mehl, und so geht es fort und fort. Sie bekommen so immer zahlreichere und dünnere Nudelfäden in beide Hände. Zuerst sind es zwei, dann vier, acht, 16, 32, 64 – ja 128! Aber dann können Sie sich als Meister des Nudelschwingens sehen lassen.

Dies zu werden, wünschen wir Ihnen von Herzen. Nochmals: Nicht gleich verzagen, wenn die Nudeln anfangs brechen sollten!

Weitere Zubereitung: Sie brauchen nun nur noch die Enden der Nudeln abzuschneiden und wie üblich in viel Salzwasser kernig zu kochen. Verfahren Sie weiter, wie in unseren Rezepten angegeben.

Genau genommen müßten wir jetzt ein neues Buch beginnen: »Die hundert chinesischen Nudelarten und ihre vielhundertfachen Zubereitungsweisen«. Ein Gebiet, das zwar äußerst interessant ist, aber welcher Leser wird uns folgen wollen? Wir verweisen daher auf die in den Läden üblichen Nudelarten. Wer chinesische erwischt, um so besser! Sie werden genauso gekocht, wie unsere Nudeln auch:

$2^1/_2$ l Wasser
10 g Salz ($1^1/_2$ Teelöffel)
250 g Nudeln oder Spaghetti

Allzu lange Nudeln müssen gebrochen werden. Nudeln ins kochende Salzwasser werfen. Nudelwasser muß tüchtig kochen! Sofort umrühren, langsam etwa 15 bis 20 Minuten ziehen lassen. Sie sollen sich etwas kernig anfühlen. Frische (selbstgemachte) oder ganz dünne Nudeln brauchen nur 10 Minuten Kochzeit. Nudeln auf einen Durchschlag schütten. Mit eiskaltem Wasser aus der Leitung sofort kräftig überspülen, damit sämtlicher Schleim heruntergeht, der das spätere Kleben verursacht. Nudeln gut abtropfen lassen. Sie müssen trocken sein. Sie können nun auch bis zum weiteren Gebrauch im Kühlschrank bis zum Abend oder anderen Tag aufbewahrt werden.

Kurze chinesische Nudelterminologie für Tieferschürfende

Mien (Nudeln): sind Symbole des langen Lebens und werden darum gern zum Geburtstag gegessen. Das Material ist meistens Weizen-, Sojabohnen- oder Erbsenmehl oder eine Kombination dieser Mehle. Es gibt sie in den verschiedensten Formen: lange, kurze, röhrenförmige und sogar durchsichtige.

Don mien: Frische, selbstgemachte Nudeln, die auch fertig zu kaufen sind.

Gawn don mien: Getrocknete Nudeln.

Ieh fooh mien: Fadendünne, gelbbraune Nudeln.

Fun see: Auch Glas-, Cellophan-, Nylon- und lange Reisnudeln oder gepuderte Seide genannt. Sie werden von Mungobohnen zubereitet.

Tong mien: Breite Nudeln, werden vor allem zu Suppen verwendet.

Kua mien: Getrocknete, feine Nudeln.

Chow mien: Braune, leicht brechende Nudelart, die auch bei uns zu kaufen sind. Sie ist wahrscheinlich amerikanischen Ursprungs. Die Chinesen kennen sie kaum.

Chao mien: Chow mein ist hiervon eine Verstümmelung. Die Chinesen verstehen darunter gekochte Nudeln, die in der Pfanne zubereitet werden.

Yakko mien: Ausdruck chinesischer Restaurants in Amerika; bedeutet Suppennudeln, verstümmelt von chinesisch i-komien, was ›Nudeln bestellen‹ bedeutet.

Yünshi mien: Nudeln, zubereitet mit Sojabohnen->Marmelade<; wird gern in nördlichen Teilen Chinas gegessen.

Yangchow wo mien: Nudeln Kantoneser Art. Die Nudeln werden, was sonst nicht üblich ist, in einer großen Schüssel serviert, darauf legt man Schweine- oder Hühnchenfleisch, Bambus- oder Bohnensprossen, Pilze oder auch delikate Fischinnereien. Gibt es meistens nur in Restaurants.

Nudeln Hongkong-Art

500 g gekochte Nudeln (auch Spaghetti)

1 Schuß Speiseöl

200 g Schweinebraten oder gekochter Schinken

125 g gekochte Pilze oder aus der Dose

1 EL Sojasoße

1 TL Glutamat

1 Prise Pfeffer

1 TL Schnittlauch (sonst etwas geriebene Zwiebel)

Nudeln in mit Öl bestrichenem Geschirr erhitzen, geschnittenen Schweinebraten und Pilze untermischen. Mit Sojasoße, Pfeffer, notfalls auch mit Salz und Glutamat, abschmecken. Anrichten und mit Schnittlauch bestreuen. Wird Zwiebel verwendet, muß diese vorher mit erhitzt werden, oder gehackte Zwiebel in Butter schwenken.

Anmerkung: Die Überlegung lohnt sich, wie das Gericht auch anders zubereitet werden könnte: mit Bambussprossen, Shrimps, vorgekochten Porreestücken, feinen Erbsen usw.

Gebackene Nudeln
ji aah mien

500 g gekochte Nudeln

Backöl oder -fett

Beilagen

Gekochte, trockene Nudeln in heißem Backöl oder -fett bei 180 bis 190° 2 Minuten backen. Abtropfen lassen und mit verschiedensten Beilagen servieren wie Schweinebraten, Rühreier, Gemüse, Shrimps und Fische. Auch mit einer süßen Vanillesauce können sie serviert werden. Wichtig ist, daß Sie das richtige Backgerät zur Hand haben. Die kalten Nudeln müssen in ein Backsieb gelegt werden, wo sie nicht herausfallen können.

Fondue chinoise

125 g Schweinefilet, 125 g Rinderfilet,
125 g Kalbssteak, 125 g Kalbsleber,
200 g Karotten, 2 Chicoréestangen,
200 g Staudensellerie, 4 EL geriebener Meerrettich,
4 TL Sojasoße, 4 Eidotter, 4 Tassen Wasser,
1 TL Salz, 2 Tassen Langkornreis, Petersilie,
1 1/2 l Fleischbrühe, 2 EL Sherry

Das Fleisch etwas anfrieren lassen und in dünne Scheiben schneiden. Das Gemüse putzen. Karotten in Scheiben, Chicorée und Staudensellerie in Stücke schneiden. Den Meerrettich in vier Schälchen geben und die Sojasoße darübergeben. In die Mitte je ein Eidotter setzen. Wasser mit Salz zum Kochen bringen und den Reis hineinstreuen. Auf kleiner Flamme ohne zu rühren 10 Minuten langsam quellen lassen. Vom Herd nehmen und 5 Minuten ausquellen lassen. In Schälchen füllen und mit Petersilie garnieren. Die Brühe erhitzen und den Sherry unterrühren. Bei Tisch auf einem Rechaud warmhalten. Jeder Gast spießt nach Belieben Fleisch und Gemüse auf seine Fonduegabel, gart es in der heißen Brühe und stippt es in das Eidotter. Zum Schluß gibt man den restlichen Reis in den Fonduetopf und ißt ihn mit der Brühe.

Eierspeisen

Die Chinesen essen verfaulte Eier, behauptet man. Wir sprachen darüber mit einem chinesischen Koch in Hamburg-St. Pauli, und er erzählte uns: »Ich bin mit einer deutschen Frau verheiratet, und ich habe anfangs nicht wenig gestaunt, als sie immer wieder arg riechenden Käse nach Hause brachte. Die meisten europäischen Käsesorten stinken für unseren Geruchssinn. Wie aber kommen hierzulande so viele Menschen zu dem Märchen, daß unsere chinesischen Eier verfault seien? Hier bitte, riechen Sie! Duften sie nicht wirklich angenehm? Entdecke ich bei meinem Vorrat ein verfaultes Ei, das kann natürlich vorkommen, so werfe ich es fort.«

Allerdings sehen chinesische Eier (pay don) aus wie dunkler Aspik; das mag zu dem Ammenmärchen verführt haben. Man kann sie übrigens in großstädtischen Delikateßläden jetzt auch kaufen.

Eine Eierzubereitungsmethode aus einem mehrere tausend Jahre alten Kochbuch für Mandarine: Kiefern- und Holzkohlenasche vermischen mit Kalk und kräftigem Tee. Die gut geknetete Masse mit Kochsalz bestreuen. Jeweils ein rohes Entenei mit der Masse umlegen und mit frischer Erde in eine irdene Schüssel geben. Die Eier sollen immer 7 cm Zwischenraum haben. Alles mit Erde bedecken und 100 Tage an einem dunklen Ort ruhen lassen.

Und so richtet man die chinesischen Eier an: Äußere Asche und Kalk entfernen. Eier waschen und schälen, schneiden, auch mit Eierschneider, auf einer Platte anrichten, mit Salatblättchen oder Petersilie garnieren. Austern- und Sojasoße und eingelegten Ingwer extra servieren.

Daneben gibt es noch in Salz gepökelte Eier (harm don), deren Eigelb jedoch noch ein wenig flüssig ist.

Braunlackierte Eier gekocht in Sojasoße
she yo daahn

Nachdem wir den Leser darüber aufgeklärt haben, daß es verschiedene Sorten Sojasoße bei uns im Handel gibt, müssen wir ihn auf weitere Unterschiede aufmerksam machen:

Ch'au-jau: Dunkle und nicht zu dicke Sojasoße mit angenehm mildem Geschmack. Wird bei uns am liebsten genommen.

Shang-ch'au: Wörtlich roher Extrakt. Hat zwar einen sehr feinen Geschmack, aber wenn es um rotgekochte Speisen geht, färbt sie nicht genug.

Chü-yau: Auch Perlsoße genannt, ist dunkel, dick, schmeckt streng und enthält Molasse.

Japanische Sojasoße (Shoyu): Chinesische Köche respektieren sie sehr. Es gibt bei uns im Handel auch Teriyaki- und Sukiyakisoße, ebenfalls Sojasoßen.

Welche Sojasoße der Leser nun wählt, möge er selber ausprobieren. Schmackhaft sind sie alle.

Und nun das Rezept:

½ Tasse brauner Zucker
2 Tassen Mineralwasser
1 Gewürznelke
1 Stück Stangenzimt
8 Eier
2 Tassen Sojasoße

Zucker in kochendem Mineralwasser auflösen, Sojasoße, Nelke und Zimt hinzugeben. Eier 4½ Minuten in kochendem Wasser nicht ganz hart kochen, kalt abschrecken, schälen und 4 Minuten in der Sojasoße kochen.

Diese Eier können halbiert, mit Gelee überglänzt (s. Seite 55), zu Eiersalaten, zu kalten Platten, zu Schnittchen und vielem anderen interessant verwendet werden.

Sojasoße kann nochmals verwendet werden.

Gedämpfte Eier mit Pilzen und Schinken
jing daahn

1 Tasse Pilze (möglichst chinesische)
125 g gekochter Schinken
8 Eier
2 Tassen heiße Brühe
2 EL Sojasoße
1 Prise Salz
1 Prise Pfeffer
½ TL Glutamat
1 TL gehackte Kräuter

Pilze und Schinken ganz fein hacken, damit sie nicht auf den Grund sinken. Eier aufschlagen, mit heißer Brühe (auch heißem Pilzwasser – heiß, weil das Gericht dann gut kremig wird), Sojasoße, Salz, Pfeffer, Glutamat und Kräutern vermischen. In geölte chinesische Schüssel gießen. Bratpfanne oder passendes Geschirr mit Zeitungen auslegen, heißes Wasser hinzugießen, gefüllte Schüssel hineinstellen und Gericht in der Röhre bei 200 bis 225° fest werden lassen.

Anmerkung: Dieses Gericht kann auf die verschiedensten Weisen variiert werden: mit Schnittlauch, weißen Porreestükken, Spargel, Schwarzwurzeln, Bleichsellerie usw.

Marmorfarbene Eier in Teeblättern gekocht *cha daahn*

5 TL schwarzer Tee

1/2 l kochendes Wasser zum Teekochen

8 Eier (auch 12 Eier)

1 Schuß Reiswein oder Sherry

einige frische Rosenblüten (können auch fortbleiben)

1 Prise Salz

Eier 4 1/2 Minuten im Wasser kochen. Inzwischen Tee mit kochendem Wasser begießen und ziehen lassen, durch ein Sieb schütten, leicht salzen, Reiswein und Blüten hinzugeben. Fertige Eier kalt abschrecken, auf einem Tisch rollen, so daß die Schale zerbricht. Eier samt Schale in der kochenden Teeflüssigkeit 20 Minuten kochen. Durch die zerbrochene Schale bekommen sie ein wunderbares marmorfarbenes Aussehen. Fertige Eier schälen, halbieren und geschmackvoll anrichten.

Man kann sie auch mit Gelee überglänzen (einfach Aspikpulver nach Vorschrift zubereiten), vorher auch mit farbigen Sternen aus Paprika, Trüffeln und vielem anderen mehr garnieren. Mit einiger Phantasie kann man die appetitlichsten Eierplatten herstellen und andererseits Steak-, Fisch- und Aufschnittplatten geschmackvoll mit Eiern garnieren.

Glasnudeleier
fun see jüh yook daahn

250 g Glasnudeln oder Spaghetti
8 Eier
2 EL Sojasoße
1 Prise Pfeffer
½ TL Glutamat
1 TL gehackte Kräuter
½ Zwiebel
Speiseöl oder Butter
125 g Räucherschinken
1 Tasse Spargelstücke

Glasnudeln in recht viel kochendem Salzwasser kochen, abgießen auf Sieb, eiskalt abspülen und abtropfen lassen. Eier aufschlagen. Sojasoße, Pfeffer, Glutamat und Kräuter hinzugeben. Gehackte Zwiebel in Öl schmoren, geschnittenen Schinken, Spargel und Glasnudeln hinzugeben. Eiermasse unterziehen. Ist das Ganze fest, anrichten und mit Salatblättchen garnieren.

Anmerkung: Das Gericht kann auf mannigfache Weise variiert werden: mit Pilzen, Räucherspeck, Schweinebraten, Aubergine, Gurke, Bambussprossen und vielem anderen mehr.

Fleisch, Geflügel und Innereien

肉類、禽類及內臟

Schweinefleisch

Was ist der Unterschied, so wurde ich häufig gefragt, zwischen chinesischer und japanischer Küche? Nun, das zeigt uns am besten ein Blick auf die Landkarte. Japan ist Inselland, somit sind seine Bewohner vor allem Fischer und Seeleute. Fische und viele Arten Meeresfrüchte sind die Urprodukte japanischer Kochkunst. China aber ist Bauernland, und landwirtschaftliche Erzeugnisse sind in der chinesischen Küche daher vorrangig.

Ein Haus bedeutet nach den chinesischen Schriftbildern: ein Dach über dem Kopf haben und ein Schwein darunter. Ohne das Schwein gibt es kein Zuhause. Es ist das Sinnbild für Wohlstand. Wie wichtig dieses Haustier seit je war, zeigen uns am besten die vielfältigen Schriftzeichen. Es wird durch einige Beine und Borsten symbolisiert. Wer erbt, so sagt eines dieser Bilder, erbt vor allem den Reichtum, der vom Schwein ausgeht.

Wer von Fleisch spricht oder das Sinnbild dafür zeichnet, also einige Streifen getrocknetes Fleisch, die gebündelt wurden, meint immer Schweinefleisch. Die Chinesen kennen kaum den uns bekannten Schweinebraten, die gebratenen Koteletts und noch weniger die panierten Schnitzel. Meist wird das Fleisch von den Bauersfrauen rotgekocht (es wird rot durch Sojasoße). Dies ist die einzige Methode, wo die Fleischstücke dreidimensional sind und eine längere Zubereitungsmethode benötigen. Selbstverständlich bleibt die Schwarte als besondere Delikatesse immer am Fleisch. Sehr häufig aber wird das Fleisch in hauchdünne Scheibchen oder Streifen geschnitten und sehr schnell gegart. Im rechten Augenblick kommen Gemüse, Kastanien, Walnüsse, Schalentiere, ja selbst Fische hinzu.

Die chinesischen Köche sind die geborenen Physiologen; so haben sie entdeckt, daß das Gewebe bei Fleisch, Geflügel, Fisch, Schalentieren und Gemüse der wesentliche Geschmacksträger ist. Lebensmittel mit dem unrichtigen Gewebe schmecken nicht. Auch muß es richtig behandelt werden, damit das verborgene Aroma sich entfalten kann. Um des Gewebes willen wurde eine raffinierte Fleischschneidetechnik entwickelt. Hauchdünn müssen die Fleischscheibchen sein, und senkrecht zu den Fasern muß geschnitten werden. Dazu ein Tip: Gefrorenes Fleisch schneidet sich leichter.

Eine Zwiebel läßt sich nur durch die Hand mit einem Messer richtig schneiden. Jedes andere Gerät, auch die Maschine, zerstört das Gewebe und damit das Aroma. Auch das Schweinefleisch wird nicht etwa, wie unsere Fleischer es machen, durch den Wolf getrieben. Der Chinese lehnt es ab, es sich zu einem undefinierbaren Brei zerreißen zu lassen. Der eigenartige Duft muß erhalten bleiben, darum wird das Schweinefleisch, wenn es zu Füllungen oder Klößen gebraucht werden soll, mit der Hand auf einem Holzbrett in rhythmischen Bewegungen gehackt. Nur so werden die Fasern des Gewebes getrennt.

Noch sorgfältiger wird das Schweinefleisch für die größeren Fleischklöße gehackt, die ›Löwenköpfe‹ genannt werden, wofür yangchow und chinkiang bekannt sind. Um des Gewebes willen wird in der chinesischen Küche nie Rindfleisch zu Klößen oder Füllungen verwendet.

Schweinefleisch allein, das wäre dem Chinesen uninteressant. Das Gewebe ist zu monoton und faserig. Daher werden im rechten Augenblick allerlei Zutaten mit krausem oder glattem Gewebe hinzugegeben, wie Shrimps, Abalonen oder Gemüse. Nur so kann das Aroma sich entfalten.

Schweinefilet mit Bohnensprossen
nga chow jüh yook

500 g Schweinefilet
Salz
Pfeffer
2 EL Sojasoße
1/4 Tasse Reiswein oder Sherry
1 TL Stärkemehl
1 Tasse Speiseöl
1/3 Tasse Brühe
1 Dose Bohnensprossen oder 500 g frische

Das von Häuten befreite Fleisch in 3 mm dünne Scheibchen schneiden. Leicht salzen und pfeffern. Sojasoße mit Reiswein und Stärkemehl vermischen und über das Fleisch streichen. 10 Minuten ruhen lassen. Fleisch 5 Minuten in heißer Pfanne in heißem Öl braten, auf einen Durchschlag schütten und abtropfen lassen. Pfanne mit Brühe ablöschen, Rest Marinade hinzuschütten. Fleisch, erhitzte und abgetropfte Bohnensprossen 3 Minuten darin ziehen, aber nicht kochen lassen. (Frische Bohnensprossen in heißer Pfanne in 3 Eßlöffel heißem Öl ganz kurz schwenken und würzen.) Abschmecken und recht heiß mit gekochtem Reis oder Nudeln zu Tisch bringen.

Schweine-Speerrippe mit Ananas
bo-lo pai-goot

800 g Rippenspeer
Sojasoße
Speiseöl
2 TL Weizenmehl
1 Prise Zucker
1 Schuß Wasser
1 kleine Dose Ananas
1 Schuß Essig

Rippenspeer kräftig mit Sojasoße beträufeln, einige Stunden ruhen lassen und öfters mit der Flüssigkeit begießen. Abgetropftes Fleisch in heißer Bratenpfanne in nicht zu viel, aber genügend Öl legen. Ganz leicht mit Mehl und Zucker bestreuen, damit eine braune, karamelisierte Kruste entsteht. Wesentlich: Mehl darf nicht verbrennen! Wasser, Ananassaft und Essig hinzugießen. In der Röhre garen und öfters begießen. Wird die Oberhitze zu stark, so muß mit Deckel oder gebutterter Folie bedeckt werden. Fertiges Fleisch herausnehmen. Soße notfalls verdünnen, süßsauer abschmecken und mit angerührtem Stärkemehl binden.

Dazu Bohnensprossen oder anderes Gemüse und gekochten Reis oder Nudeln.

Schweinebraten-Sandwich aus dem heißen Fettbad
gum-chin hi-hop

600 g gebratenes Schweinefleisch
2 bis 3 EL Sojasoße
75 g Muscheln oder Shrimps (auch Hummer oder Languste)
75 g Pilze
75 g Bambussprossen (auch Wasserkastanien)
1/2 TL Glutamat
1 TL gehackte Kräuter
1 TL Stärkemehl
2 Eier
200 g ungesüßte chinesische oder japanische Crackers (sonst Weißbrotbrösel oder Paniermehl)
Fett oder Öl

Gut ausgekühltes Fleisch in etwa 24 Scheibchen von 1/2 cm Dicke und 3 mal 3 cm Größe schneiden. Das nur leicht gesalzene Fleisch mit Sojasoße bestreichen und ruhen lassen. Muscheln oder Shrimps, Pilze und Bambussprossen fein hacken. Vermischen mit Sojasoße, Glutamat, Kräutern und Stärkemehl. Masse auf die Hälfte der Fleischscheibchen streichen und die andere Hälfte darüberlegen. Mit Eiweiß festkleben, mit Holzspießen (Zahnstochern) feststecken, in geschlagenes Ei tauchen, mit geriebenen

Crackers oder Paniermehl umhüllen, andrücken und in heißem Fettbad bei 180 bis 190° braun backen. Abtropfen lassen und servieren. Dazu gekochten Reis oder Nudeln, geröstete Salzmandeln oder Oliven.

Honigschinken

Das ist einfach und schnell. Und alle Gäste mögen es!

- Speiseöl
- 600 g Räucherschinken
- 1/2 Tasse Honig
- 1/2 Tasse kochendes Wasser
- 1 Tasse Reiswein oder Sherry
- 2 EL Sojasoße
- 1 Spritzer Zitrone
- 1/2 TL Glutamat
- Stärkemehl

Bratgeschirr mit Öl auspinseln, Schinken im ganzen hineinlegen. Honig in kochendem Wasser auflösen, Reiswein, Sojasoße, Zitrone und Glutamat hinzugeben. Diese Soße über den Schinken gießen und bei 200° in die Röhre schieben. Schinken öfters begießen und drehen. Aber keine Farbe geben, eventuell mit Silberfolie abdecken. Nach 30 Minuten Schinken herausnehmen, in mundgerechte Stücke schneiden. Zurückgebliebene Flüssigkeit mit Stärkemehl leicht binden. Dazu gekochte Nudeln oder Reis, chinesische Mixed Pickles oder Senffrüchte und sonstige Beilagen.

Rindfleisch

Das Rind ist nach dem chinesischen Kalender Symbol der sich erneuernden Kraft der Natur im ersten Monat des neuen Jahres. Im ›Weisheitsbuch der Riten‹ heißt es: »Der klingende und tönerne Ochse führt die Kälte hinaus.«

Mit der Begabung für Abstraktion ritzte man auf Felswände und Knochen in Vorzeiten ein Kreuz und unmittelbar darüber einen Halbkreis mit der Öffnung nach oben: ein Rind von hinten gesehen, mit dem Kopf, den Hörnern, den zwei Beinen und dem Schwanz. In diesen symbolhaften Linien für den Ochsen sind zugleich auch die fünf Elemente, die Bausteine von Himmel und Erde, enthalten: Metall, Holz, Feuer, Wasser und Erde. Darum wird in einigen Gegenden, etwa in der Provinz Fukien, im Frühjahr ein Ochse aus Papier geformt und fünffarbig bemalt: rot, schwarz, grün, weiß und gelb.

Um Rindfleisch in der rechten Weise zubereiten zu können, erfanden die Chinesen das vielseitigste Küchengerät, das es gibt: eine halbkugelförmige (Halbkugel: Sinnbild des Himmels) Pfanne mit zwei Griffen. Im ›wok‹, wie sie genannt wird, kann man braten, tiefbacken, dämpfen und schmoren. Eine Pfanne, die nicht klebt, woraus nichts überquillt und wo nichts vorbeigeschüttet werden kann. Wenn notwendig, kann sogar eine ganze Mahlzeit darin zubereitet werden. Wer Glück hat, kann eine solche Pfanne bei uns im Spezialgeschäft kaufen, sonst kann auch jede andere Pfanne genommen werden.

Rindfleisch mit Früchten
gwor-jup ngow-naam

750 g zartes Rindfleisch aus der Keule

1 Prise Salz

1 Prise Pfeffer

1 Tasse Speiseöl oder Fett

1 Prise Zucker

2 Zwiebeln

2 EL Sojasoße

1/2 Tasse Reiswein oder Sherry

1/2 Zitrone

1/4 TL Zimt

1/4 TL Anis

1 Kochbirne

1 Apfelsine

1 Stück Ingwer aus der Dose (sonst Ingwergeleefrüchte)

1/2 Tasse Ananasstücke

1 TL Fleischextrakt

1 TL Stärkemehl

Rindfleisch in 2,5 cm große Würfel schneiden, salzen, pfeffern und in heißer Pfanne in Öl braun braten, dabei öfters durchrühren. Leicht mit Zucker bestreuen, wodurch das Fleisch karamelisiert. Grob geschnittene Zwiebeln hinzugeben. Sojasoße, Reiswein und Zitronensaft hinzugießen. Würzen mit Zimt und Anis. Ablöschen mit einer Schöpfkelle Wasser oder Brühe und in der Röhre 2 bis 3 Stunden garen. Öfters rühren. Inzwischen Birne und Apfelsine schälen und entkernen, samt Ingwer und Ananas zum Fleisch geben. Soße abschmecken, mit Fleischextrakt verbessern, sobald das Fleisch weich ist, leicht mit Stärkemehl binden. Mit gekochten Nudeln oder Reis reichen.

Rinderfilet in Austernsoße
ho-yo ngow-yuk

600 g Rinderfilet (schier)
1 Tasse Speiseöl
1 Prise Salz
1 Prise Pfeffer
1 Zwiebel
1 Schuß Reiswein oder Sherry
1 Tasse Brühe
2 EL Austernsoße
1 Messerspitze Ingwer
3 TL Sojasoße
1 Prise Zucker
1 TL Glutamat
1/2 TL Stärkemehl
4 Austern

Das von den Häuten (und dem sogenannten Seitenstrang, dies bitte dem Fleischer sagen!) befreite Filet in 4 bis 5 mm dicke Scheibchen schneiden und in heißer Pfanne in heißem Öl (heiß muß die Pfanne sein!) 3 Minuten garen. Auf einen Durchschlag schütten, Fleisch salzen und pfeffern, Pfanne ablöschen mit Reiswein oder Sherry. Nacheinander Brühe, Austernsoße, Ingwer, Sojasoße, ganz wenig Zucker und Glutamat hinzugeben. Aufkochen lassen und leicht binden mit Stärkemehl. Austern aus der Schale brechen und vom Bart befreien, den Austernsaft ja nicht vergießen, sondern für die Soße mitverwenden. Fleisch und Austern 5 Minuten in der Soße ziehen lassen, nicht kochen.

Rinderfilet mit Auberginen
kair-jee ngow-yuk

- 600 g Rinderfilet
- 1 Tasse Speiseöl
- 1 Schuß Reiswein oder Sherry
- 2 TL Weizenmehl
- 1 EL Sojasoße
- 3 EL rote Bohnensoße (oder Ersatz)
- 1/2 TL Glutamat
- 1 Messerspitze Ingwer oder besser: aus der Dose
- 1 große feste Aubergine

Rinderfilet in Stäbchen schneiden und in heißer Pfanne in heißem Öl 3 Minuten garen, auf einen Durchschlag schütten und abtropfen lassen. Pfanne mit Reiswein oder Sherry ablöschen, mit Mehl binden und Soja- und Bohnensoße hinzugießen. Fleisch hinzuschütten, mit Glutamat und Ingwer würzen. Inzwischen geschälte Auberginen in Stäbchen schneiden und in heißem Öl garen, auf Durchschlag gießen, abgetropft zum Fleisch geben. Durchschwenken, 5 Minuten ziehen, aber nicht kochen lassen. Dazu gekochten Reis oder Nudeln und einige pikante Beilagen.

Variation: Anstatt Auberginen können Bohnensprossen, Bambussprossen, Bohnen oder Pilze genommen werden. Werden die Zutaten aus der Dose genommen, brauchen sie natürlich nicht in Öl gegart zu werden.

Rinderfilet in Currysoße
ka-lei ngow-yuk

- 600 g Rinderfilet
- 1 Tasse Speiseöl
- 1 Prise Salz
- 1 TL Currypulver
- 1/3 Tasse Reiswein oder Sherry
- 1 Tasse Brühe
- 1 Zwiebel
- 1 Prise Zucker
- 1 kleine Dose Bambussprossen
- 1 TL Glutamat

Enthäutetes Rindfleisch in Scheibchen schneiden und in heißer Pfanne in heißem Öl 3 Minuten braten, auf einen Durchschlag schütten, salzen und mit Curry bestreuen. Inzwischen Bratgeschirr mit Reiswein und Brühe ablöschen. Fleisch 5 Minuten darin ziehen, aber nicht kochen lassen. In einer anderen Pfanne oder Topf geschnittene Zwiebel in zurückgebliebenem Öl goldbraun braten, mit Zucker bestreuen und zum Fleisch schütten. Geschnittene heiße Bambussprossen hinzugeben und mit Glutamat verfeinern.

Hühnchengerichte

Weit die Fenster aufstoßen und die Küchenluft des fernen China einziehen lassen! Alles ist in der chinesischen Kochkunst anders: die Schneideweise von Fleisch und Gemüse, die Töpfe, die Pfannen, das Handwerkszeug, das Zubereiten, die Soßen, die Beilagen, die Schüsseln, das Anrichten, das Garnieren, das Eßbesteck, die Eßsitten, das Schreiben und die Folge der Menüs. Uns erscheint manches paradox – aber es ist eine Schule, die uns guttut und unsere Küchenkünste entwickeln hilft.

Aus der Fülle der Möglichkeiten, Hühnchen interessant zu servieren, können wir nur eine kleine, aber wohlüberlegte Auswahl bieten. Das Huhn im Cellophanpapier (jee bow ghuy) ist eine wahrhaft raffinierte Zubereitungsweise: Das Aroma und der Saft des Hühnchenfleisches werden in voller Güte erhalten. Ein Festtagsgericht für den Feinschmecker! Wenn es richtig gemacht wurde, schimmert das Fleisch goldgelb, aber braun und rot gesprenkelt, durch das Papier.

Trunkenes Hühnchen (huang chiu ghuy)

Das Hühnchen wird eine Woche oder auch etwas länger in ein Bad von erlesenem Reis- und Chrysanthemenwein getaucht.

Weißschnitthühnchen (baak jaahm ghuy)

Das Hühnchen wird in verdünnter Reisweinbrühe gegart, kleingestückelt, mit Sesamöl eingerieben, mit Sojasoße bepinselt und mit sehr scharfem Szechuan-Pfeffer bestreut.

Salzhühnchen (larp ghuy)

Es muß wochenlang bei richtiger Temperatur im Winde trocknen und wird dann als »Rotgekochtes« gegart.

Wie man Hühnchen ausnimmt:

Die Beine werden im ersten Gelenk abgehackt. Zwischen Hals und Flügel wird auf dem Rücken die Haut eingeschnitten, mit dem Zeigefinger hineingegriffen und Kropf und Gurgel vorsichtig herausgezogen. Soll das Huhn ganz serviert werden, so will die chinesische Sitte, daß Hals und Kopf daran bleiben. Sie sollen nach dem Braten auf der Platte so angerichtet werden, daß sie zum Ehrengast hinzeigen. Dabei wird der Hals lang eingeschnitten, Speise- und Luftröhre freigelegt und entfernt. Auch der untere Teil des Schnabels, die Kopfhaut und die Augen werden herausgetrennt.

Unten am Bauch wird ein Einschnitt gemacht; man muß vorsichtig hineingreifen, damit die Öffnung nicht zu groß wird und die Galle nicht zerreißt. Die Stelle der Darmöffnung wird fortgeschnitten. Von der Leber die Galle vorsichtig entfernen. Vom Magen, der wie die Leber als Delikatesse gilt, Fett entfernen, vorsichtig einschneiden und den Inhalt in einem Stück herausnehmen. Danach wird das Geflügel gewaschen und darauf geachtet, ob auch die Lungen und andere Teile, wie Kropf und Luftröhre, entfernt wurden.

Ananas-Hühnchen
baw law ghuy

600 g zarte Hühnchenbrüste

1/2 Zwiebel oder 1 Schalotte

2 Stangen Sellerie (möglichst Bleichsellerie)

1 Prise Salz

1 Prise Pfeffer

3 TL Sojasoße

1 TL Stärkemehl

4 EL Speiseöl

1 kleine Dose Ananasstücke

Petersilie

Hühnchenbrüste in 2 cm große Stücke schneiden, Zwiebel oder Schalotte hacken und geputzten Sellerie in Streifen schneiden, Salz, Pfeffer, Stärkemehl und 1 Teelöffel Sojasoße vermischen und über das Hühnchenfleisch streichen. Hühnchenfleisch in heißer Pfanne in 2 Eßlöffel heißem Öl braten, öfters umrühren und bedecken. Inzwischen Zwiebel in einem anderen Geschirr in Öl goldgelb braten, Sellerie hinzugeben und garen. Fertiges Hühnchen und Sellerie vermischen, Ananasstücke hinzugeben, auch etwas Ananassaft und Sojasoße, durchziehen lassen, abschmecken, anrichten und mit Petersilie bestreuen. Gekochten Reis extra reichen.

Huhn im Cellophanpapier
jee bow ghuy

600 g zarte Hühnchenbrüste

1 EL Reiswein oder Sherry

1/2 Schalotte

2 EL Sojasoße

1 Prise Zucker

1 Prise Pfeffer (oder 1/2 TL Heung new fun, »Gewürz der fünffachen Düfte«)

1 EL Speiseöl, Backfett oder -öl

Hühnchenbrüste in dünne Blättchen schneiden, die 4 cm lang

sein können. Marinieren in Reiswein oder Sherry, gehackter Schalotte, Sojasoße, Zucker, Pfeffer und Speiseöl. 15 Minuten ruhen lassen. Quadratförmiges Cellophanpapier von 10 cm Seitenlänge schneiden, Hühnchenfleisch so hineinlegen, falten und einschlagen, daß ein festes Päckchen entsteht. In heißem Backfett oder -öl etwa 7 Minuten backen. Abgetropft im Papier servieren, damit das Aroma erhalten bleibt. Gekochten Reis oder Toast und einige kalte, pikante Beilagen extra reichen.

Variation: Variieren kann man mit gehacktem Schinken, Pilzen und Früchten. Würzen kann man mit Glutamat, Kräutern, in Honig eingelegtem Ingwer und vielem anderen mehr.

Sherry-Hühnchen
lau ja ghuy

1 oder 2 Hühnchen (je nach Größe)

1 Petersilienwurzel

1/2 Glas Sherry

1/2 Tasse Sojasoße

1 Prise Zucker

1 EL Stärkemehl

Backfett oder -öl

Hühnchen von den Knochen befreien und in 2 cm große Stücke schneiden. Geputzte Petersilienwurzel ganz fein hacken, mit Sherry, Sojasoße und Zucker vermischen, über das Hühnchenfleisch schütten und öfters mit der Flüssigkeit begießen. 20 Minuten ruhen lassen. Hühnchenfleisch aus der Marinade nehmen, abtropfen lassen und mit einem Tuch oder saugfähigem Küchenpapier trocknen. In heißem Backfett oder -öl bei 180 bis 190° 3 Minuten backen. Hühnchen im Sieb abtropfen lassen und 15 Minuten erneut in die zurückgelassene Marinade legen. Wiederum abtropfen lassen, trocknen, mit Stärkemehl leicht bestreuen und in heißem Fettbad (oder -öl) zu goldbrauner Farbe backen.

Und was dazu? Ganz, was Ihnen gefällt: gebackene Bananen, in Mandelsplitter panierte und gebratene Ananasscheiben oder auch etwas Pikantes. Sonst gekochter Reis, Nudeln oder Toast.

Lychee-Hühnchen
lay jee ghuy

1 zartes Hühnchen
200 g chinesische oder japanische Reiscrackers
1 Tasse chinesische Pilze
10 Wasserkastanien
2 Eier
2 EL Sojasoße
Salz
Paprika
Glutamat
1 TL gehackte Kräuter
etwas Stärkemehl
Backöl oder -fett
1 Dose Lychee (Litschi)
1 Spritzer Reiswein oder Sherry

Hühnchen mit scharfem spitzem Messer von den Knochen lösen. Crackers vermahlen und durch ein Sieb schütten. Pilze in Stücke schneiden. Hühnchenknochen und -abfälle in Wasser zu einer kurzen Brühe kochen. Möglichst auch das »Wasser« aus den Dosen mitverwenden, ebenso etwas Lycheesaft zur Brühe gießen.

Hühnchenfleisch und Wasserkastanien vermahlen, vermischen mit etwas gemahlenen Cracker und Ei. Würzen mit Sojasoße, Salz, Paprika, Glutamat und Kräutern. Die Masse muß glatt, geschmeidig, nicht zu fest und nicht zu lose sein. Am besten erst einmal eine Probe machen, sonst mehr Crackers oder mehr Ei hinzugeben. Von der Masse nicht zu große Klöße (2 cm Durchmesser) mit feuchten Händen formen, in Stärkemehl wälzen, in geschlagenes Eiweiß tauchen, mit Crackermehl umhüllen und in heißem Fett (180 bis 190°) 3 Minuten backen. Abtropfen lassen. Inzwischen durchgesiebte Brühe mit Lychee (nicht zu viel Saft verwenden) und Pilzen vermischen, leicht mit Stärkemehl binden und mit Reiswein abschmecken. Soße und gekochten Reis extra servieren.

Anmerkung: Man kann Crakkers auch fortlassen. Auch kann man Hühnchenfleisch in Stücke schneiden, in Wasser kochen und dann die anderen Zutaten hinzugeben. Fortlassen also: Crackers, Eier und Backfett oder -öl. Auch dieses Gericht leicht binden.

Chinesisches Schweinefilet

4 EL Sojasoße, 4 EL Reiswein, Salz,
1 Prise Zucker, Ingwerpulver, 4 TL Speisestärke,
600 g Schweinefilet, 5 EL Öl (möglichst Erdnußöl),
4 mittelgroße Frühlingszwiebeln,
250 g frische Sojabohnenkeimlinge

Sojasoße, Reiswein, Gewürze und Speisestärke verrühren. Schweinefilet in dünne Scheiben schneiden und in der Würzsoße 15 Minuten marinieren. Im heißen Öl 5 Minuten braten. Herausnehmen und warm stellen. Frühlingszwiebeln putzen, in Streifen schneiden und mit den Sojabohnenkeimlingen 2–3 Minuten dünsten. Fleisch untermischen und abschmecken. Dazu Reis, Currysoße, Mango Chutney, süßsaure Früchte und Sojasoße servieren.

Currysoße

2 EL Öl, 3 EL Curry, 1 EL Reiswein,
5 EL Fleischbrühe, 1 TL Speisestärke

Öl erhitzen, Curry einrühren und mit Reiswein und Brühe aufgießen. Speisestärke mit wenig Wasser anrühren, in die Soße rühren, aufkochen lassen und abschmecken.

Entengerichte

Kochen bedeutet für den Chinesen: den von der Natur gegebenen Rohstoff durch erprobte Zubereitungs- und Kochprozesse umwandeln. In Nordchina werden z. B. Wildkaninchen so gebraten, daß auch der Kenner kaum Kaninchen- von Fasanenfleisch unterscheiden kann.

Erst durch solch bewährte Methoden wird auch eine Ente zur Delikatesse. Die Kantonesen, bekannt als Meister der Kochkunst, legen das Geflügel eine Woche lang in Sesamöl, wodurch die Poren so geschmeidig werden, daß das Gericht zart wird wie getrüffelte Gänseleberpastete. Eine Spezialität von Nanking ist die gepökelte und mit dem besonderen Fa-tsui-Pfeffer gewürzte Ente. Man trägt sie kalt auf, und sie schimmert in rötlichem Glanz, daher wird sie auch »Abendrotente« genannt.

Fetthaltige Enten müssen durch Rotkochen schmackhaft gemacht werden. Wildenten bekommen einen Zusatz von Ingwer, wodurch auch der letzte Trangeschmack beseitigt wird. Mit braunem Zucker geräucherte Enten erinnern an saftige Bärenschinken.

Was haben sich chinesische Entenspezialisten nicht alles ausgedacht! Mit einer richtigen Luftpumpe pressen sie Luft unter die Entenhaut. Ja, die Haut ist das Wesentliche! Sie wird zum Höhepunkt der Röstkunst, und man reibt die Ente von außen mit Zukker ein und trocknet sie im Wind. Rösten ist nach chinesischer Auffassung ein beweglicher Vorgang. Aber von innen muß sie gefüllt werden, denn der geschaffene Hohlraum würde den Kreislauf der Geschmacks- und Duftstoffe unterbrechen und stören.

Nicht ein Tropfen des kostbaren Röstsaftes darf verlorengehen. Daher wird die Ente auch von außen und innen mit der berühmten Hoy-Sien-Jeung-Soße eingepinselt. So duftet sie wie Lotos und glänzt wie roter Lack.

Damit aus der Speise ein festlicher Genuß wird, ißt man zuerst die Haut mit den beliebten Crêpes, die in Peking Pao Ping genannt werden. Auch die Honigente ist eine Pekinger Spezialität und kann ebenfalls mit den kleinen Crêpes verzehrt werden.

Ente mit Chinakohl
jing ngaap

1 Ente
1 Schuß Speiseöl
1 Prise Salz
1 Prise Pfeffer
1 Prise Ingwer
3 Tassen Wasser
750 g Chinakohl oder Wirsing
Schinkenabfälle
2 EL Sojasoße
1 TL Glutamat

Bratfertige Ente in heißer Bratpfanne in Öl 15 Minuten von allen Seiten knusprig braun braten, dabei öfters begießen. Ente herausnehmen, überflüssiges Fett abgießen. Ente salzen, pfeffern, würzen mit Ingwer, zurück ins Bratgeschirr legen, mit Wasser begießen und in bedecktem Geschirr in der Röhre langsam garen. Nach einer halben Stunde geputzten und geschnittenen Chinakohl und Schinkenabfälle hinzugeben. Im geschlossenen Geschirr garen. Abschmecken mit Sojasoße und Glutamat. Wurde Wirsingkohl verwendet, so muß die Ente gleich nach dem Braten von unten und oben mit geschnittenem Kohl bedeckt werden, etwas Wasser und Schinkenabfälle hinzugeben. In den Dämpfen garen. Dazu gekochten Reis.

Jadegürtel-Ente
gaah heung ngaap

1 Ente
1/3 Tasse Sojasoße
1/4 Tasse Reiswein oder Sherry
1 Stück Ingwer aus der Dose
Stärkemehl
500 g in Scheiben geschnittener Räucherschinken
2 bis 3 Stangen Porree
1 Prise Salz
1 Prise Paprika
Silberfolie

Bratfertige und gewaschene Ente 3 Minuten in kochendem Wasser ziehen lassen. Wasser fortschütten. Erneut 30 Minuten in Wasser kochen. Brühe aufheben. Ente herausnehmen, erkaltet von den Knochen lösen, in 2,5 cm große Stücke schneiden, mit Sojasoße, Reiswein und feingehacktem Ingwer bedecken und 15 Minuten ruhen lassen. Nach Bedarf auch ganz leicht salzen. Abgetropfte Entenstücke in Stärkemehl wälzen, jedes Stück in je ein Scheibchen Schinken wickeln. Geputzten Porree 1 Minute in kochendes Wasser tauchen, möglichst nur schöne Blätter verwenden. Diese um die Entenstücke wickeln, nochmals leicht salzen und mit Paprika bestreuen, in Folie wickeln, in passendes Geschirr legen, mit nicht zu viel Brühe begießen und im Wasserbad (selbstverständlich Topf verschließen) 1 Stunde garen. Zurückgebliebene Flüssigkeit abschmecken, ganz nach Geschmack leicht binden und Gericht servieren. Gekochten Reis und sonstige Beilagen extra reichen.

Peking-Ente mit Pao Ping
ging jeung ngaap

Chinesisch kochen heißt, altchinesisch, nach Art des kaiserlichen Peking-Palastes, kochen. Dies ist eines der klassischen Gerichte. Dazu wird die berühmte rote Soße (hoy sien jeung) verwendet. Wer sie nicht bekommen kann, muß Sojasoße nehmen.

- 1 zarte bratfertige Ente
- 1 Prise Salz
- 1 Prise Zucker
- 1 Prise Pfeffer
- 3 Schalotten
- 1 Stück Ingwer aus der Dose
- Speiseöl
- 1/3 Tasse rote Soße (hoy sien jeung)
- 4 Tassen Weizenmehl
- 1 3/4 Tassen Wasser

Knusprige Entenhaut, das ist die Delikatesse, daher muß sie richtig vorbehandelt werden. Entenhaut am Schwanzende leicht lösen und mit Hilfe einer Luftpumpe Luft unterpumpen, wodurch sich die Haut löst. Ente mit Salz, Zucker und Pfeffer einreiben, geschnittene Schalotten und Ingwer hineinlegen, Ente zunähen und 10 Stunden ins Freie an einen schattigen Ort hängen. Ist die Haut trocken, so ist die Ente bratfertig. In einer heißen Pfanne mit etwas Öl braten, begießen und mit roter Soße öfters bepinseln. Je nach Alter dürfte die Ente nach 1 bis 1 1/2 Stunden fertig sein. (Man probiert an den Schenkeln.)

Inzwischen auch Crêpes *(Pao Ping)* backen: Mehl mit Salz und kochendem Wasser vermischen. Teig gut vermengen, auf bemehltem Brett 1/2 cm dick ausrollen, etwa 2 cm ausstechen und erneut messerrückendick ausrollen. Leicht mit Öl bestreichen und in mit Öl bepinselter Pfanne auf beiden Seiten backen.

Zuerst serviert man die in Stücke geschnittene Entenhaut mit dem heißen Pao-Ping. Das ißt man so: Auf Pao-Ping Entenhaut, darüber etwas gehackte Schalotte legen, mit roter Soße beträufeln und aufrollen. Entenfleisch, das in 2 cm große Stücke geschnitten wurde, wird danach aufgetragen. Hierzu kann gekochter Reis serviert werden.

Honig-Ente
ging gerng ngaap

1 zarte Ente
etwas Ingwer
1 Tasse kochendes Wasser
½ Tasse Honig
⅓ Tasse Sojasoße
⅓ Tasse Reiswein oder Sherry
1 Spritzer Essig
1 Prise Pfeffer
1 Prise Salz
1 TL Glutamat
Speiseöl
1 Zwiebel
etwas Stärkemehl
Shih-Pin-Soße (Seite 28)

Bratfertige Ente waschen, 5 Minuten im kochenden Wasser ziehen lassen und Wasser fortschütten. Ingwer in kochendem Wasser ziehen lassen, Honig hinzugeben, verrühren mit Sojasoße, Reiswein, Essig, Pfeffer, Salz und Glutamat nach Bedarf. Abgetropfte Ente von innen und außen wiederholt mit der zubereiteten Soße bestreichen und – wer Zeit hat – möglichst die Ente bis zu 12 Stunden ruhen lassen. Sonst gleich in heißer Röhre (225°) in etwas Öl oder Fett braten, öfters begießen und grob geschnittene Zwiebel hinzugeben. Bratsatz mit Wasser oder Brühe ablöschen, loskochen, durch ein Sieb gießen, leicht mit Stärkemehl binden und abschmecken. Shih-Pin-Soße auf den Tisch stellen, gekochten Reis und sonstige Beilagen extra servieren.

Anmerkung: Die Ente kann auch auf dem Spieß geröstet werden. Nur muß sie dann mit Speiseöl eingepinselt werden. Auch die zubereitete Honigsoße kann während des Röst- oder Bratprozesses über die Ente gestrichen werden. Das ist ein Tip für Eilige.

Innereien

Innereien – der Kenner weiß, wie begehrt diese Leckerbissen überall in der Welt sind. ›Tripe à la mode de Caen‹ wird aus Kutteln zubereitet, und die Luxushotels in Paris, Washington, Sidney, Frankfurt, Hamburg, Amsterdam und Moskau führen dies Gericht als besondere Spezialität auf ihren Speisekarten.

Der chinesische Dichter Lo-Ping-Wang aus dem goldenen Zeitalter des T'ang (etwa 600 bis 700 n. Chr.) preist mit überschwenglichen Worten alles, »was aus dem Bauch der Tiere kommt: Leber, Niere, Herz und Lunge«.

Shen, ein Dichter der Ch'ing-Zeit, bereitet in einem berühmten Gedicht dem Herbstmond (chiu yüeh chi) einen Bambusaltar mit Lilien, Lotus und Opfergerichten von Leber, Hirn und Nieren. Bei leuchtenden Lampions und klingender Harfe sieht er im fahlen Mondschein den Dampf der Speisen aufsteigen.

Die besten chinesischen Gerichte, etwa der Chrysanthemen-Topf, werden immer von Leber und Niere begleitet. Die Chinesen verstehen es, sogar von Schinkenschwarten, Hammelfleischhäuten und Bärentatzen erlesene Delikatessen zu bereiten.

Rotgekochte Schweinefleisch-Innereien
she-yo jüh-to

1000 g Schweinefleisch-Innereien (Magen, Lunge und eventuell auch Herz und Milz)	
2 Schalotten	
1/3 Tasse Sojasoße	
1 TL brauner Zucker	
1/4 Tasse Reiswein oder Sherry	
2 EL Austernsoße	
1 TL Glutamat	
1 Stück Ingwer aus der Dose	

Innereien sorgfältig waschen, in recht viel kochendes Wasser legen, 5 Minuten ziehen lassen und Wasser abschütten. Erneut 1/4 l Wasser, gehackte Schalotten, Sojasoße, Zucker, Reiswein und Austernsoße hinzugeben. Auch die kurz abgekochten (blanchierten) Innereien hinzulegen, mit Deckel schließen und langsam kochen lassen. Verdampft die Flüssigkeit zu sehr, noch etwas Wasser hinzugießen. Nach 2 Stunden probieren, wie weit das Gericht gar ist. In Würfel schneiden, in der Flüssigkeit nochmals erhitzen, abschmecken und Glutamat und Ingwer hinzugeben. Mit gekochtem Reis und Mixed Pickles servieren.

Schweineleber mit Pilzen auf Bambusstämmen

Für solche, die etwas Besonderes bieten wollen. Man kann auch die Bambusstämme fortlassen.

600 g Schweineleber
3 EL Sojasoße
1 Prise Salz
1 Prise Pfeffer
$1/2$ TL Glutamat
1 Dose chinesische Pilze (auch frische Pfifferlinge)
2 Zwiebeln
Speiseöl oder Fett zum Braten
1 Bambusstamm von 6 bis 10 cm Durchmesser und 70 bis 100 cm Länge
grüne Salatblätter
1 kleine Dose Mandarin-Orangen
Meng-Lung-Soße (Seite 28)

Schweineleber salzen, pfeffern, mit Sojasoße beträufeln, mit Glutamat bestreuen und 15 Minuten ruhen lassen. Abgetropfte Pilze salzen und pfeffern. Leber, Pilze und Zwiebelstücke abwechselnd auf Spieße reihen, in heißer Pfanne in Öl oder Fett auf allen Seiten braten.

Inzwischen Bambusstamm lang durchsägen, säubern, einige Innenfächer füllen mit Salatblättern, worauf abgetropfte Mandarin-Orangen gebreitet wurden. Andere Fächer füllen mit der kalten Soße, weiteren Salaten und anderen Kaltzutaten. Bambusstammhälften so hinlegen, daß die fertigen Spieße dazwischengehängt werden können. Bei Partys kann man die Spieße auch flambiert reichen. Mit Alkohol (über 55prozentigem) übergießen und anzünden.

雜碎及各式火煱

Chop suey –
am Tisch zubereitet

Kein China-Kochbuch ohne Chop suey! Dafür sind die Chop-suey-Enthusiasten bei uns viel zu zahlreich! Auch in Amerika und in Australien. Die Chinesen kannten das Gericht ursprünglich überhaupt nicht. Aber von soviel Begeisterung sind auch sie beeindruckt und kochen nun immer häufiger Chop suey.

Wer die Speisekarten großer chinesischer Restaurants von Frankfurt, Hamburg, München bis Paris, London und New York durchschaut, entdeckt Chop suey in ungezählten Variationen. Die South-China-Restaurants, die man in vielen Teilen Londons findet, führen auf ihrer Speisekarte eine ganze Seite Chop-suey-Gerichte an.

Kochen am Tisch ist modern, weil sich die vielbeschäftigte Hausfrau damit Arbeit und Sorgen spart. Auch kommen die Gäste untereinander in Kontakt und erleben viel Spaß. Mißgeschicke werden meistens mit Gelächter quittiert.

Chinesische Gerichte sind für das Kochen am Tisch geradezu ideal. Die meisten Rezepte in unserem Büchlein können so angewandt werden, auch wenn wir das nicht besonders erwähnt haben. Sie brauchen nichts als ein Rechaud mit Flamme oder elektrischem Strom, eine Stielpfanne oder feuerfestes Geschirr. Auch Rührlöffel, kleine Schneebesen, Durchschlag oder Sieb, einige Schüsseln und Teller müssen griffbereit stehen. Dadurch vermeidet man unnütze Laufereien.

Die Methode ist immer dieselbe. Die Rohzutaten werden in der Küche auf Platten und Teller fein säuberlich angerichtet, auch mit einem Salatblättchen geschmückt und auf dem Rechaud gebraten, geröstet, gekocht oder flambiert. Die Gäste bekommen ihre Speisen also frisch aus der Pfanne. Heißer Chop suey, soeben bereitet, das schmeckt!

Hei-Fan-Chop-Suey mit Fisch

½ Zwiebel
1 Dose Thun- oder Schwertfisch
2 Tassen Bohnensprossen
2 EL Speiseöl
2 EL Sojasoße
1 TL Glutamat
1 Prise Salz
1 Prise Pfeffer

In der Küche: Zwiebel hacken und in Schüsselchen anrichten. Auch Fisch und abgetropfte Bohnensprossen anrichten und garnieren.

Am Tisch: Pfanne erhitzen, Öl hinzugießen, Zwiebel goldgelb schmoren, Fisch und Bohnensprossen hinzuschütten. Ist alles heiß, mit Sojasoße, Glutamat, frisch gemahlenem Pfeffer und wenig Salz abschmecken. Mit gekochtem Reis oder auch Toast servieren.

Wenshan-Chop-Suey mit Schweinefilet

600 g Schweinefilet
2 EL Sojasoße
1 Prise Pfeffer
1 Prise Salz
3 EL Speiseöl
2 Stangen Porree (nur das Weiße)
1 Dose Bohnenkäse (auch Bean Curd genannt

In der Küche: Enthäutetes Schweinefilet in Scheibchen schneiden, mit Sojasoße, Pfeffer und etwas Salz würzen. Geputzten Porree in Stücke schneiden und 10 Minuten in Salzwasser vorkochen, Bohnenkäse schneiden. Alle Teile abgetropft anrichten und garnieren.

Am Tisch: In heißer Pfanne Schweinefleisch in heißem Öl sehr schnell auf beiden Seiten braten und anrichten. Porree und Bohnenkäse in die Pfanne legen, erhitzen, würzen und zum Fleisch geben. Dazu gekochten Reis oder Nudeln.

Cheng-Wang-Chop-Suey mit Rindsfilet

600 g Rindsfilet
2 EL Sojasoße
1 Prise Pfeffer
1 Prise Salz
3 EL Speiseöl
2 Tassen Bambussprossen
1 TL Glutamat
1 Glas Jamaica-Rumverschnitt (55%ig)

In der Küche: Enthäutetes Rindsfilet in Scheibchen schneiden, mit Sojasoße beträufeln, pfeffern, leicht salzen, ruhen lassen und anrichten. Bambussprossen schneiden, erhitzen und anrichten.

Am Tisch: In recht heiße Pfanne nicht zuviel Öl gießen, Filet auf beiden Seiten sehr schnell braun braten. Ist sofort fertig. Bambussprossen in die heiße Pfanne mit etwas Öl schütten, würzen, mit Rumverschnitt umgießen, anzünden und brennend auf die Teller legen. Dazu gekochten Reis, Nudeln oder Toast. Auch Salat oder Pickles.

Liu-Pang-Chop-Suey mit Ei

1 kleine Dose Pilze
250 g Schwarzwurzel
2 EL Lotusnüsse
2 EL Speiseöl
2 EL Sojasoße
1 Spritzer Chilisoße
1 Prise Salz
8 Eier
1 TL gehackte Kräuter

In der Küche: Pilze schneiden und anrichten. Schwarzwurzeln anputzen (sofort in Essigwasser legen), schneiden, kochen und abgetropft anrichten. Lotusnüsse und Kräuter hacken. Eier aufschlagen und würzen.

Am Tisch: Öl in der Pfanne erhitzen, Pilze und Schwarzwurzeln hinzugeben. Eier hinzugießen. Mit Sojasoße, Chilisoße und Salz abschmecken. Mit Nüssen und Kräutern bestreuen. Dazu Reis oder Toast.

Kiangsi-Chop-Suey mit Eiskrem

1 Dose Mandarin-Orangen
1 Tasse Lotusnüsse (ohne Flüssigkeit)
wenig Speiseöl
1 Glas Escorial grün (56%ig)
1 TL Zucker
4 Portionen Eiskrem

In der Küche: Abgetropfte Mandarin-Orangen und Lotusnüsse gesondert anrichten, mit Zitronenscheiben oder kandierten Früchten garnieren. Eiskrem bis zuletzt im Kühlschrank oder Kühltruhe bereithalten.

Am Tisch: Erhitzte Pfanne mit Öl leicht bepinseln, Mandarin-Orangen und Lotusnüsse hinzugeben, mit Escorial umgießen, anzünden, Zucker in die Flamme streuen und brennend auf das angerichtete Speiseeis legen. Dazu ganz nach Belieben auch ein Schälchen mit Schlagsahne. Ein weiterer Tip: Geschlagene Sahne mit einigen Tropfen Echter Kroatzbeere färben.

Gemüse

各式蔬菜

Gemüse chinesisch zubereitet

Auch beim Gemüse liegt das Hauptgewicht auf dem Gewebe. Wird es durch den Kochprozeß zerstört oder nicht richtig behandelt, so ist alles fort: die Frische, der Duft, das Aroma, die Vitamine und die Kalorien. Das ist für uns neu. Wer hat schon einmal das Gemüse auf Gewebe hin geprüft? Und welcher Küchenpraktiker hat es daraufhin klassifiziert?

Man kann Gemüse garen in Wasser, Ölen, Fetten, Säften, Fonds und Soßen. Was ist davon am besten? Dürfte es nicht selbstverständlich sein, daß Gemüse mit gleichem oder ähnlichem Gewebe auch mit gleichen oder ähnlichen Methoden zubereitet werden müßte?

Die Chinesen sind die Erfinder der überall so beliebten Friteuse. Sie haben auch erstmalig Gemüse darin gebacken. Dabei stellten sie fest, daß es so viel knuspriger und saftiger bleibt, als wenn es in Wasser gekocht wird. Auch geht es weit schneller. Durch das heiße Öl (Öl darum, weil es der Hitze am besten widersteht) bekommt das Gemüse sofort eine feste Kruste, und die wertvollen Säfte können nicht ausgelaugt werden, wie dies beim Kochen geschieht. Noch undurchdringlicher wird die Kruste, wenn das Gemüse vorher durch eine Mehl- oder Stärkeschicht isoliert wurde.

Aus der großen Friteuse haben die Chinesen auch eine kleine entwickelt, die wir Schwingpfanne nennen können. Das Gemüse muß in einer Pfanne oder einem passenden Geschirr in wenig, recht heißem Öl gegart werden. Aber die verschiedenen Gemüsesorten haben verschiedenes Gewebe, daher wollen wir ihre Grundzubereitungsmethoden kurz angeben.

Gemüse, knusprig gegart. Bambussprossen, Zwiebel, frischer Paprika, Bleichsellerie, Zuckererbsen, Spargel und andere Sorten müssen in gleichmäßige Stücke von 2 1/2 bis 3 cm geschnitten werden. Sie müssen in 3 Minuten fertig gegart sein. Für 1 1/2 Tassen Gemüse nimmt man 1 EL gutes Speiseöl. Entscheidend ist die intensive Hitze, dabei muß das Gemüse fortwährend gerührt oder geschwungen werden.

Gemüse, halbgar. Spinat, Bohnen- und Erbsensprossen, Brunnenkresse, Kopfsalat, Chicorée, Chinakohl und ähnliche Sorten müssen geschnitten und dürfen durch das heiße Öl nur kurz, etwa 3 Minuten, ›schockiert‹ werden.

Gemüse, in Öl und Sojasoße gegart. Pilze, Auberginen, Möhren und Rübchen müssen geputzt oder geschält und in Scheibchen geschnitten werden. Daraufhin werden sie im heißem Öl schnell ansautiert (wie der Fachausdruck lautet), zugedeckt und häufig gerührt. Danach gießt man etwas Sojasoße hinzu. Das Gemüse ist in 11 bis 15 Minuten gar.

Gemüse, in Öl und wenig Wasser gegart. Blumenkohl, Brokkoli, Rosenkohl, Weißkohl, Mais und andere Sorten müssen geputzt, von den harten Teilen entfernt und in Stücke geteilt werden. Dann das Gemüse in heißem Öl schnell ansautieren, fleißig rühren, zudecken und einen Schuß Wasser hinzugießen, damit es nicht anbrennt. Gemüse ist in 12 Minuten fertig.

Gefrorenes Gemüse. Das Gemüse muß aufgetaut werden. Am besten läßt man zunächst die Feuchtigkeit von einem trockenen Tuch oder Löschpapier aufsaugen. Dann so verfahren, wie zuvor angegeben. Nur die Zubereitungszeit vermindert sich in den meisten Fällen um die Hälfte. Gefrorenes Gemüse muß kräftiger gewürzt werden. Auch das Öl, worin gegart wird, kann man würzen, indem man gehackte Zwiebel, gehackte Schalotte, zeriebenen Knoblauch, frischen Ingwer hinzugibt.

Als erstes Gemüserezept möchten wir den schon erwähnten eingemachten Kohl bringen, der den Abschluß der chinesischen Mahlzeiten bildet. Wir bringen jedoch die Varianten für deutsche Küchen.

Eingemachter Kohl

1. Nach Art chinesischer Hausfrauen in Deutschland

Wirsing, nicht Weißkohl, wird bevorzugt.

1 Wirsing
100 g Salz

Den geputzten Kohl schneiden und fein raspeln. Lagenweise in ein passendes Geschirr legen und mit Salz bestreuen. Mit Holzdekkel und Stein beschweren, damit sich unter Druck Wasser bilden kann. Dieser Prozeß geht im Sommer schneller vor sich als im Winter. Sobald das Wasser hervorkommt, ist der Kohl fertig. Mit Sojasoße servieren.

Auf gleiche Weise können auch Rübchen, Rettich und Gurken zubereitet werden.

2. Chinesisch-deutsches Hausfrauenrezept, das in deutschen Kolonien von Mund zu Mund weitergegeben wird:

1 Stück Wirsing
100 g Butter
100 g Champignons
200 g gekochte Spaghetti
2 EL Sojasoße
1/2 TL Glutamat
Salz

Geschnittenen Wirsing in Butter dämpfen, geschnittene Pilze und Spaghetti unterschwenken. Abschmecken mit Sojasoße, Glutamat und ganz wenig Salz. Mit frischen Kräutern bestreuen.

Sojabohnenkäse
doofuu, jap. Tofu

Kurze Zubereitungsbeschreibung für solche, die etwas mehr darüber wissen wollen.

Gelbe oder auch rote Sojabohnen müssen etwa 24 Stunden in kaltem und eine kürzere Zeit in warmem Wasser quellen. Sie werden fein gemahlen (mit Hilfe einer elektrischen Mühle), aber während des Mahlprozesses muß frisches Wasser hinzulaufen können, etwa zehnmal soviel wie die Bohnenmenge. Die gesiebte Masse wird samt Wasser in einen großen Kessel geschüttet, noch etwas heißes Wasser hinzugegeben und das Ganze aufgekocht. Nach dem Erkalten filtert man durch einen Sack aus Baumwolle und schließt durch Drücken unter einer Hebelpresse. Nun wird Salzbitter zugeschüttet (dies ist Mutterlauge, die bei der Seesalzgewinnung entsteht und hauptsächlich aus Chlormagnesium besteht), wodurch sich die Bohnenmasse quarkartig (es ist das

Legumin) absetzt. Dies muß langsam und ruhig geschehen. Die Flüssigkeit darf nicht erschüttert werden. Ist sie klar, so wird sie vorsichtig abgeschöpft. Der Niederschlag wird in viereckige (im Handel erhältliche) Holzformen mit durchlöcherten, beweglichen Wänden gebracht, die mit einem Tuch ausgelegt werden. Es muß gleichzeitig über die Bohnenmasse gefaltet und mit einem nicht zu schweren Stein beschwert werden. Nach 2 Stunden wird die grauweiße oder rote Masse mit breitem Messer in Tafeln geschnitten und im Wasser aufbewahrt.

Bambussprossen und Pilze

Chinesen verwenden vor allem getrocknete Pilze. Es gibt auch japanische und deutsche Trockenpilze als Ersatz in den Läden. Trockenpilze sollten möglichst über Nacht quellen dürfen. Einweichwasser zum Würzen von Suppen und Soßen aufheben.

150 g chinesische Trockenpilze
1 kleine Dose Bambussprossen
1 Schalotte oder Schnittlauch oder Zwiebel
1/3 Tasse Speiseöl
2 EL Sojasoße
Salz
Pfeffer
1/2 TL Glutamat
1/2 TL Zucker
1 TL gehackte Kräuter

Vorgequollene Pilze gut abtropfen lassen und die größten etwas schneiden. Auch Bambussprossen, falls sie nicht schon geschnitten gekauft wurden, in Stäbchen oder Scheibchen schneiden. Schalotte hacken.

Pilze in heißer Pfanne in Öl schmoren und Schalotte unterstreuen. Nach 10 Minuten auch Bambussprossen untermischen. Würzen mit Sojasoße, Salz, Pfeffer und Glutamat. Nach Geschmack zuckern. Anrichten und mit Kräutern bestreuen.

Frische Kastanien (Maronen)

Kastanien in heißer Röhre, in heißem sauberem Sand rösten und dabei öfters bewegen. Schälen und als Beilage servieren.

Frische Pilze in Austernsoße *ho-yo mo-kow*

500 g Champignons oder Pfifferlinge oder Waldpilze
Natürlich kann man auch chinesische oder getrocknete Pilze aus der Dose nehmen; am besten schmecken aber frische

---

75 g Butter
1/2 Zitrone
1/3 Tasse Austernsoße
2 EL Reiswein oder Sherry
2 EL Sojasoße
Salz
1 TL Zucker
1 TL gehackte Kräuter

Werden Champignons gewählt, so müssen sie in Wasser, vermengt mit etwas Weizenmehl oder einem Schuß Essig, gewaschen werden, damit sie weiß bleiben. Junge selbst gesammelte Pilze brauchen nur gebürstet zu werden, die größten etwas schneiden.

Pilze in Butter und Zitrone schmoren. Austernsoße und Reiswein hinzugießen. Nach 15 Minuten würzen mit Sojasoße, Salz, Glutamat und Zucker nach Geschmack. Anrichten und mit Kräutern bestreuen.

Bambussprossengemüse mit Schinken

1 Dose Bambussprossen, 1 kl. Dose Champignons,
3 EL Mazolaöl, 1/2 Zwiebel, 1 Scheibe Schinken,
Sojasoße, Sherry, Prise Zucker, etwas Salz, Mehl,
Paprikaschote aus der Konserve

Das ist ein chinesisches Gericht, das wir fast als Schnellgericht bezeichnen können, denn es ist wirklich schnell gemacht. Eine Dose Bambussprossen und eine kleine Dose Champignons abseihen, die Bambussprossen in Scheiben schneiden und die Champignons einmal teilen. In einer Pfanne erhitzen wir 3 Eßlöffel Mazolaöl und bräunen 1/2 ganz feingehackte Zwiebel. Ist die Zwiebel etwas angeröstet, geben wir die Bambussprossen und Champignons dazu, braten sie kurz an und würzen mit etwas Sojasoße und einem Schuß Sherry, einer Prise Zucker und etwas Salz. Dann gießen wir einen Teil der Konservenbrühe dazu und stauben das Gericht mit etwas Mehl ein. Ist die Soße etwas dicklich, geben wir noch 1 Löffel in Streifen geschnittene Paprikaschoten (aus der Konserve) dazu und lassen das Gericht noch einige Minuten ziehen. In einer zweiten Pfanne eine Scheibe Schinken mit ganz wenig Fett von beiden Seiten braten und mit dem Gemüse und etwas frischem Salat zusammen servieren.

Kuchen, Tee und Wein

各式糕點茶酒

Chinesische Kuchen, Torten und Süß-Speisen

Kuchen werden auch in China meistens zu festlichen Ereignissen gebacken. Oft sind sie uralten und kultischen Ursprungs, denn aus dem Durchschnittlichen vermag der Mensch nichts Außergewöhnliches zu schaffen. Im zweiten Monat des chinesischen Kalenders, auch ›Knospenmonat‹ genannt, verwandeln sich auf den Bergen die Pflanzen in Jade; da ging in früherer Zeit der Kaiser der Sonne als Lichtbringerin entgegen. In der Hand trug er ›dünne Sonnenkuchen‹, die reihenweise auf Bambusstäbe gesteckt wurden. Vor ihm her trug man einen roten Hahn als Symbol der Lebenskraft; es war das ein riesiger Kuchen aus Mehl, Eiern und Früchten.

Im neunten Monat, in dem die Chrysanthemen blühen, wurde zum ›Fest der Philosophen und Literaten‹ Wein und Weizenkuchen (teng kao) gereicht. Alle, auch die Damen, waren festlich gekleidet, man lustwandelte in den Gärten der Paläste und schrieb auf Reispapier fein säuberlich Gedichte über die Natur und die Blütenpracht.

Im achten Monat, zur Erntezeit, werden auch heute noch in den Gärten fünf Schüsselchen mit Kuchen aufgestellt. Sie sind Sinnbild der fünf Elemente und der fünf heiligen Himmelsgegenden. Umleuchtet werden sie von roten Kerzen, und der Duft von Weihrauch liegt in der Luft. Auch werden Mondkuchen (yüeh ping) zu je 13 Pyramiden zusammengelegt, denn 13 Monate zählt das chinesische Jahr, und 13 bedeutet das vollkommene Glück.

Auch Neujahr, dem Höhepunkt aller Feste, werden zum Abschluß des Gastmahles, zu dem Freunde und Bekannte geladen sind, Kuchen gereicht, die in der ›dampfenden Laterne‹ zubereitet werden. Geschmückt werden sie mit den Schriftzeichen: Glück, Friede, Harmonie und Wohlstand.

Lotuskuchen

125 g Weizenmehl
1 TL Backpulver
3/4 Tasse Speiseöl
1 Ei
Backaroma
80 g Zucker
1/3 Tasse Lotusnüsse aus der Dose

Gesiebtes Mehl mit Backpulver und Öl vermengen. Ei, Backaroma, Zucker und gehackte Lotusnüsse unterziehen. Sollte der Teig zu fest geworden sein (jede Mehlsorte ist anders), noch etwas Öl hinzumengen. Teig auf bemehltem Brett 3/4 cm dick ausrollen, Plätzchen ausstechen, in die Mitte eine ganze Lotusnuß setzen, mit Eigelb bepinseln und in der Röhre bei 200° bis 225° etwa 12 bis 15 Minuten backen.

Anmerkung: Anstatt Lotusnüsse können auch Mandeln, Hasel- oder Walnüsse genommen werden. Lotusnüsse in Sirup aus der Dose müssen auf einem Sieb abgetropft werden.

Moderne chinesische Torten

Warum nicht auch einmal Torten mit neuem Akzent? Lychee, Longans, Lotusmarmelade und -nüsse und manches andere gibt es in vielen Läden zu kaufen. Es ist so einfach und geht sehr schnell, die neuen Torten zuzubereiten. Und wie sie schmecken, und wie überrascht die Gäste sein werden!

Gebackene Walnüsse

500 g Walnüsse
1 Tasse Zucker
Speiseöl oder Backfett

Geschälte Nüsse mit 2 Tassen kochendem Wasser begießen, 3 Minuten ziehen lassen und auf ein Sieb schütten. Mit Zucker vermischen und 12 Minuten ruhen lassen. Walnüsse in heißem Öl oder Backfett backen. Man benutzt dazu ein Backkörbchen, die den Friteusen beigegeben sind. Abgetropft servieren. Solche Walnüsse kann man auch zum Garnieren von Torten oder Süßspeisen verwenden.

Lotuskrem Peking-Art

1/4 l Schlagsahne
125 g Schneezucker (sonst Staubzucker)
1 Päckchen Vanillezucker
1 Tasse gehackte Lotusnüsse (aus der Dose)
2 EL Johannisbeergelee
1 Spritzer chinesischer Fruchtlikör (sonst Echte Kroatzbeere)

Geschlagene Sahne mit Schnee- und Vanillezucker vermischen, gehackte Lotusnüsse untermischen, geschmackvoll anrichten und mit Johannisbeergelee überglänzen. Mit einem Spritzer Fruchtlikör beträufeln.

Chow-Chow-Torte Shang-Yang

1 Tortenboden
1 Glas oder Dose Kastanienmus
1 Spritzer Kräuterlikör
2 TL Puderzucker
1/4 l geschlagene Sahne
1/2 Tasse Chow-Chow-Früchte

Kastanienmus mit Likör und Zucker verrühren und auf Tortenboden streichen. Torte mit Torteneinteiler einteilen und mit geschlagener, gesüßter Sahne aus dem Spritzbeutel garnieren. In die Mitte der einzelnen Tortenstücke geschnittene Chow-Chow-Früchte legen.

Webermädchens Süß-Speise *ch'ing saahn go*

2 gehäufte TL Gelatinepulver
4 EL kaltes Wasser zum Anrühren
1/2 l kochendes Wasser
300 g weißer Kandis
Schnee von 4 Eiern
1 große Dose Lychee (Litschi)

süße Schlagsahne
Löffelbiskuits oder Pistazien

Gelatinepulver in Wasser quellen lassen. Kandis in kochendem Wasser auflösen, Gelatinepulver hinzugeben. Recht festen Eischnee unterziehen. Eiskalte Süßspeisenform mit Zucker ausstreuen oder mit Mandelöl auspinseln, abgetropfte Lychee hineinlegen und zubereitete Schaumspeise darübergießen. Eiskalt stellen, stürzen, nach Belieben mit geschlagener, süßer Sahne aus dem Spritzbeutel, Löffelbiskuits und gehackten Pistazien garnieren.

Lotus-Torte Hui-K'ai

1 Tortenboden
1 Glas Lotusmarmelade
1 Spritzer Zitronenlikör
1/4 l geschlagene Sahne
1 Dose Lotusnüsse

Lotusmarmelade mit Zitronenlikör beträufeln, verrühren und auf Tortenboden streichen. Torte mit Torteneinteiler einteilen und mit gesüßter, geschlagener Sahne aus dem Spritzbeutel garnieren. In die Mitte des Randes von jedem Tortenstück eine abgetropfte Lotusnuß legen.

Lychee-Torte Chou-Mi-Art

1 Tortenboden
1 Glas Lychee (Litschi)
1 Tasse Mandarin-Orangen
1 Päckchen Tortenguß
1/4 l geschlagene Sahne

Abgetropfte Lychee und Mandarin-Orangen (8 Lychee zum Garnieren zurücklassen) auf Tortenboden legen. Mit Tortenguß nach Vorschrift begießen, kaltstellen und mit gesüßter Sahne aus dem Spritzbeutel garnieren. Dazu wird ein Torteneinteiler benötigt, womit man vorsichtig Markierungslinien auf die Torte drückt. Und nach diesen Linien spritzt man die Sahne. Auf jedes Stück Torte legt man in die Mitte des Randes eine Lychee-Frucht. Torte mit einem Messer schneiden, das in heißes Wasser getaucht wurde.

Tee

Die Menschen des Westens mögen sich bei einem Glas Wein vereinen und darin die Weisheit suchen. Im Fernen Osten beginnt das Familienleben, ja jedes verbindende und versöhnende Gespräch bei einer Tasse Tee. In vielen Gegenden Chinas stellt man einen großen Kessel mit heißem Tee auf die Straße, damit die Vorübergehenden, vor allem die Armen, sich daran laben können.

Das Zubereiten einer Tasse Tee beginnt bei den einfachen und wie selbstverständlich erscheinenden Dingen des täglichen Lebens: das Kochen des Wassers, das Schlagen des Tees mit dem Schaumschläger, das Hinzugießen des Wassers im geeigneten Augenblick, das rechte Darreichen und das rechte Trinken. Künstler und Philosophen haben immer wieder auf den Tee und seinen tieferen Sinn nachgedacht; denn was die meisten für groß halten, wird beim Teetrinken sehr klein, und was klein und unbeachtet war, bekommt seinen wahren Wert.

Ganz anders als der indische ist der chinesische Tee: voll Duft und Aroma. Es gibt Teesorten, die stärker und wirkungsvoller als jeder Wein sind. Berühmt ist der Wassernymphentee (suy-sien-chah) von Kwantung. Je höher die Blüten vom Strauch gepflückt werden, um so besser ist der Tee. Ein anderer erlesener Tee wächst in der Provinz Kiangse auf hohen Bergen, wo nur selten der Schritt eines Menschen zu hören ist. Er wird daher Wolken-Nebel-Tee (wun-mo-chaah) genannt. Schon nach drei oder vier Tagen Blütezeit muß ein Tee aus der Provinz Fukien gepflückt werden. Seine besondere Wirkung hat ihn als ›die eiserne Gottheit des gnadenvollen Tee‹ (teet gwoon yum chaah) bekannt werden lassen.

Damit aber der Wohlgeruch und die Farben vermehrt und der Geschmack individueller wird, bekommen einige Teesorten ihre letzte Note durch hinzugegebene Jasminblätter (mook ly faah chaah) oder auch durch Chrysanthemenblüten. Dem roten Tee (hoong) werden Lycheeblüten beigegeben. Viele Teesorten haben poetische Namen wie schwarzer Drachentee, silberner Nadeltee oder schwarzer Augenbrauentee.

Das Teekochen

Der chinesische Tee mit seinen leicht verflüchtigenden Ölen ist äußerst empfindlich. Darum muß er immer gut verschlossen in einer Dose aufbewahrt werden. Auch ist es wichtig zu wissen: Seine volle Kraft entfaltet er erst beim zweiten und dritten Aufguß. Der Teetopf muß heiß ausgespült werden, bevor der Tee hineinkommt. Für jede Tasse nimmt man 1/2 bis 1 ganzen Teelöffel voll Tee. In zwei Stufen muß das kochende Wasser hinzugegossen werden. Damit das Aroma erhalten bleibt, muß der Topf stets gut verschlossen bleiben. Die Chinesen stellen ihn unter einen wattierten Wärmer und reichen ihn in henkellosen Schalen mit beiden Händen dem Gast. Man gibt weder Zucker noch Milch hinzu.

Auch wenn während des Gastmahles Wein oder Likör gereicht wird, so gibt es doch keinen Abschluß ohne Tee. Manche gießen, so will es die Sitte, auch zur letzten Schale Reis etwas Tee.

Chinesische Weine und Cocktails

Gute Speisen müssen von guten Weinen begleitet werden. Chinesische Weine sind etwas für Kenner und Liebhaber. Ihre Fülle ist für viele überraschend.

Reiswein

Der beste kommt von shao hsing oder huang chiu. Er ist von goldgelber Farbe und mildem Geschmack. Man trinkt ihn auf 40° C erwärmt, füllt ihn dabei in einen Porzellankrug und trinkt aus Porzellanschälchen.

Reiswein-Ersatz

Der beste Ersatz ist Sherry, er kommt dem Reiswein im Geschmack und Aussehen am nächsten. Rotweine passen nicht zu chinesischen Speisen, eher sollte man sich für Rheinwein Spätlese oder herben Bordeaux-Wein entscheiden.

Zitronenwein / fut show low

sollte man zum Würzen von Fisch- und Süßspeisen, aber auch von Salaten nehmen.

Selleriewein / yun chun jo

ganz vorzüglich für Gemüsesalate. Kenner nehmen ihn auch für Cocktails. Wenige Tropfen genügen.

Birnenwein / sewt lay low

An den etwas strengen Geschmack gewöhnt man sich bald. Dient zum Verbessern von Suppen und Soßen. Aber auch ein Gläschen nach dem Essen bekommt gut.

Orangenwein / charng fa low

Macht den langweiligsten Cocktail feurig, belebt Früchte und Salate.

Rosenwein / mooi gway low

Eine Perle unter den Weinen. Man muß ihn ganz langsam genießen. Einige Tropfen in den heißen Jasmintee gießen – eine köstliche Überraschung.

Cumquat in Armagnac

1 Glas Cumquat

1 Schuß Ingwerlikör

Armagnac

Cumquat in eine Schüssel schütten, mit Ingwerlikör beträufeln und ruhen lassen. Etwas Cumquatsaft in chinesisches Reisweinschälchen (sonst Schnaps- oder Likörgläschen) gießen, ein Cumquat auf Holzspieß (Zahnstocher) stecken, mit Armagnac aufgießen und servieren.

Mao-Cocktail

1/2 Glas Zitronenwein (oder Portwein)

1/2 Glas chinesischer Ingwerlikör (oder Apricot Brandy)

Beide Teile gut mit einigen Eiswürfeln im Mixbecher schütteln, durch ein Sieb gießen und in passenden Gläsern servieren.

Mongolei-Cocktail

1 Glas kalter Tee

1 Glas Selleriewein (oder Portwein)

1 Spritzer chinesischer Ingwerlikör (oder Maraschinolikör)

etwas aufgelöster Zucker

Alle Teile gut mit einigen Eiswürfeln im Mixbecher schütteln, durch ein Sieb gießen und in passenden Gläsern servieren.

Taiwan-Cocktail

1 Glas Reiswein oder Sherry

1/4 Glas Orangensaft

1/2 Glas kalter Tee

etwas aufgelöster Zucker

Alle Teile gut mit einigen Eiswürfeln im Mixbecher schütteln, durch ein Sieb gießen und in passenden Gläsern servieren.

Chekiang-Cocktail

1 TL Birnenwein (oder Reiswein oder Sherry)

$1/4$ Glas Zitronensaft

1 Spritzer Gin

1 Glas Rosenwein (oder Süßwein)

Alle Teile gut mit einigen Eiswürfeln im Mixbecher schütteln, durch ein Sieb gießen und in passenden Gläsern servieren.

Drachenaugen in Wein *loong ngaan*

1 Dose Lychee (Litschi)

1 Glas Reiswein oder Sherry

1 Schuß Portwein

Lychee in eine chinesische Schüssel schütten, mit Reiswein und Portwein begießen. 15 Minuten ruhen lassen. Eiskalt servieren. Dazu nach Belieben süße chinesische Fertigkuchen oder anderes Gebäck reichen.

Register

Sachgruppen-Register

Innereien:

Hühnchengerichte:

Entengerichte:

Chop Suey – am Tisch gekocht:

Gemüse chinesisch zubereitet:

Chinesische Kuchen, Torten und Süßspeisen:

Chinesische Weine und Cocktails: